数字化转型理论与实践系列丛书

数智融合
工业互联网体系、技术与应用

赵义正 王跃 主编

电子工业出版社
Publishing House of Electronics Industry
北京·BEIJING

内 容 简 介

本书以工业互联网推广应用为引领，从工业互联网的起源和内涵入手，对工业互联网的网络、平台、园区，以及它与新一代信息技术的融合进行了阐述。在阐述基础性原理的基础上，本书给出了若干具有示范意义的创新实践案例，最后介绍了作者对工业互联网推广发展路径的思考。

本书可作为包括政府、企业、科研单位、高校在内的社会各界技术、管理人员了解和应用工业互联网的参考书。

未经许可，不得以任何方式复制或抄袭本书之部分或全部内容。
版权所有，侵权必究。

图书在版编目（CIP）数据

数智融合：工业互联网体系、技术与应用 / 赵义正，王跃主编. —北京：电子工业出版社，2022.6
（数字化转型理论与实践系列丛书）
ISBN 978-7-121-43532-4

Ⅰ. ①数… Ⅱ. ①赵… ②王… Ⅲ. ①互联网络－应用－工业发展－研究－中国 Ⅳ. ①F424-39

中国版本图书馆 CIP 数据核字（2022）第 088203 号

责任编辑：张　迪（zhangdi@phei.com.cn）
印　　刷：北京天宇星印刷厂
装　　订：北京天宇星印刷厂
出版发行：电子工业出版社
　　　　　北京市海淀区万寿路 173 信箱　邮编：100036
开　　本：720×1 000　1/16　印张：11.5　字数：200 千字
版　　次：2022 年 6 月第 1 版
印　　次：2023 年 4 月第 2 次印刷
定　　价：88.00 元

凡所购买电子工业出版社图书有缺损问题，请向购买书店调换。若书店售缺，请与本社发行部联系，联系及邮购电话：(010) 88254888，88258888。

质量投诉请发邮件至 zlts@phei.com.cn，盗版侵权举报请发邮件至 dbqq@phei.com.cn。
本书咨询联系方式：(010) 88254469，zhangdi@phei.com.cn。

本书指导委员会

主任：王立功
委员：吴 莹　熊建章　廖继勇

本书编写委员会

主编：赵义正　王 跃
委员：刘 琼　陈远洋

前言

利用工业互联网可以实现人员、机器、物料、系统等生产要素之间互联互通，跨越数字世界与物理世界之间的鸿沟，以数据驱动优化企业生产流程，提升决策质量，创造新模式、新业态，进而提升客户体验，实现企业的高质量可持续发展。

在新一代信息技术带来的新竞争面前，广大制造企业踊跃拥抱工业互联网，期望通过它推动数字化转型，以实现提质降本增效。在对工业企业的服务实践中，我们看到企业的研发、制造各个环节已经广泛运用信息化技术，但是工业互联网的总体应用水平还不高，尤其对工业互联网思想的理解和工业互联网的发展应用还有待深入。业界需要有一套与工业互联网相关的理论和实践体系，推动企业朝着数字化、网络化、智能化方向发展。

希望本书能为我国工业互联网建设和推广提供参考和启发，为企业更好利用工业互联网技术添砖加瓦，推动更多优秀的企业成为未来数字化大潮中的弄潮儿。

作者

2022 年 4 月 6 日

目 录

第 1 章　因时乘势：工业互联网起源与内涵……001
1.1　工业互联网起源和内在动力……001
1.1.1　概念起源……001
1.1.2　新一代信息技术发展的必然趋势……002
1.1.3　企业数字化转型的手段与路径……003
1.1.4　制造业大国抢占国际竞争制高点的要求……004
1.2　工业互联网的内涵和本质……006
1.2.1　工业互联网的内涵……006
1.2.2　工业互联网的本质……007
1.3　工业互联网体系架构……009
1.3.1　国外典型工业互联网体系架构……009
1.3.2　我国工业互联网体系架构……012
1.3.3　体系架构的演变……019
1.4　我国发展工业互联网的重大意义……021
1.4.1　工业互联网是生产力变革的助推器……021
1.4.2　工业互联网是我国数字经济发展的重要驱动力……021
1.4.3　工业互联网是保持我国制造业国际竞争优势的制高点……022
1.4.4　工业互联网是我国制造业转型升级的必由之路……022
1.5　工业互联网与"工业4.0"、智能制造的异同辨析……023
1.5.1　工业互联网与"工业4.0"……023
1.5.2　工业互联网与智能制造……025

参考文献 · 028

第 2 章 工业互联网网络 · 029

2.1 工业互联网网络概述 · 029
- 2.1.1 概念模型 · 029
- 2.1.2 工厂外网 · 029
- 2.1.3 工厂内网 · 030

2.2 工业控制系统 · 032
- 2.2.1 模拟仪表控制系统 · 032
- 2.2.2 直接数字控制系统 · 032
- 2.2.3 集散控制系统 · 033
- 2.2.4 现场总线控制系统 · 034

2.3 现场总线 · 035
- 2.3.1 定义 · 035
- 2.3.2 发展现状 · 036
- 2.3.3 现场总线国际标准 · 037

2.4 常用工业现场总线介绍 · 038
- 2.4.1 基金会现场总线（FF） · 038
- 2.4.2 PROFIBUS · 039
- 2.4.3 CIP · 041
- 2.4.4 MODBUS · 042
- 2.4.5 CAN 总线 · 042
- 2.4.6 LONWORKS · 044

2.5 工业以太网 · 044
- 2.5.1 概述 · 044
- 2.5.2 实时以太网 · 047
- 2.5.3 EtherCAT · 048
- 2.5.4 PROFINET · 053
- 2.5.5 工业以太网的发展前景 · 057

2.6 时间敏感网络技术 · 057
- 2.6.1 概述 · 057
- 2.6.2 特点与功能 · 059
- 2.6.3 应用场景 · 060

2.7 工业控制网络发展趋势 ········ 061
参考文献 ········ 063

第3章 新兴技术使能工业互联网 ········ 065

3.1 边缘计算技术 ········ 065
3.1.1 概述 ········ 065
3.1.2 边缘计算参考架构 ········ 066
3.1.3 关键技术 ········ 067
3.1.4 边缘计算对工业互联网的价值 ········ 070
3.1.5 边缘计算在工业互联网中的应用 ········ 071

3.2 工业大数据技术 ········ 072
3.2.1 概述 ········ 072
3.2.2 工业大数据参考架构 ········ 073
3.2.3 关键技术 ········ 075
3.2.4 工业大数据对工业互联网的价值 ········ 077
3.2.5 工业大数据的应用场景 ········ 078

3.3 人工智能技术 ········ 079
3.3.1 概述 ········ 079
3.3.2 关键技术 ········ 080
3.3.3 人工智能对工业互联网的价值 ········ 081
3.3.4 人工智能在工业互联网领域中的应用 ········ 083

3.4 数字孪生技术 ········ 083
3.4.1 概述 ········ 083
3.4.2 技术架构 ········ 084
3.4.3 关键技术 ········ 085
3.4.4 数字孪生对工业互联网的价值 ········ 087
3.4.5 数字孪生在工业互联网领域中的应用 ········ 088

3.5 5G技术 ········ 089
3.5.1 概述 ········ 089
3.5.2 技术架构 ········ 090
3.5.3 关键技术 ········ 091
3.5.4 5G对工业互联网的价值 ········ 093
3.5.5 5G在工业互联网领域中的应用场景 ········ 095

参考文献 …………………………………………………………………… 096

第 4 章 工业互联网平台 …………………………………………………… 097

4.1 工业互联网平台概述 ………………………………………………… 097
4.1.1 工业互联网平台是基于云架构的开放式操作系统 ……………… 097
4.1.2 工业互联网平台是海量数据汇聚的载体 ……………………… 098
4.1.3 工业互联网平台是模型沉淀与智能决策的中枢 ……………… 099
4.1.4 工业 App 是工业互联网平台能力的载体 …………………… 101
4.1.5 生态开放是工业互联网平台保持发展活力的保证 …………… 103

4.2 工业互联网平台的架构 ……………………………………………… 104
4.2.1 边缘层 ………………………………………………………… 105
4.2.2 平台层（PaaS 层和 IaaS 层）………………………………… 105
4.2.3 应用层（SaaS 层）…………………………………………… 108

4.3 工业互联网平台应用场景 …………………………………………… 109

4.4 工业互联网平台建设和应用路径 …………………………………… 111
4.4.1 目前工业互联网平台发展中面临的问题 ……………………… 111
4.4.2 加强工业互联网平台应用的广度，以"建平台""用平台"双轮驱动 …………………………………………………………… 113
4.4.3 加强工业互联网平台应用的深度，搭建"智能化""孪生化"发展引擎 …………………………………………………………… 115

4.5 工业互联网平台生态体系 …………………………………………… 117
4.5.1 工业互联网平台生态建设的四个方面 ………………………… 117
4.5.2 工业互联网平台生态建设的四个着力点 ……………………… 119

4.6 国内典型平台能力与服务应用模式 ………………………………… 122
4.6.1 海尔 COSMOPlat 平台 ……………………………………… 122
4.6.2 航天云网 INDICS 平台 ……………………………………… 125
4.6.3 树根互联 ROOTCLOUD 平台 ……………………………… 129
4.6.4 徐工汉云平台 ………………………………………………… 132
4.6.5 东方国信 Cloudiip 平台 ……………………………………… 134

参考文献 …………………………………………………………………… 136

第 5 章 产业园区工业互联网发展指数评价体系 ………………………… 137

5.1 背景与意义 …………………………………………………………… 137
5.2 产业园区工业互联网发展指数评价体系 …………………………… 138

         5.2.1 "五维"评估模型 ………………………………… 138
         5.2.2 指标评价体系 …………………………………… 138
   5.3 发展指数计算方法 ………………………………………… 140
   5.4 发展指数领先园区分析 …………………………………… 140
第6章 工业互联网赋能应用案例 ………………………………… 142
   6.1 设备预测性维护 …………………………………………… 143
         6.1.1 概念 ………………………………………………… 143
         6.1.2 实施方法 …………………………………………… 144
         6.1.3 案例 ………………………………………………… 145
   6.2 产品溯源 …………………………………………………… 145
         6.2.1 概念 ………………………………………………… 145
         6.2.2 实现方法 …………………………………………… 146
         6.2.3 标识解析技术 ……………………………………… 147
         6.2.4 异构识别技术 ……………………………………… 148
         6.2.5 案例 ………………………………………………… 149
   6.3 质量检测 …………………………………………………… 150
         6.3.1 概念 ………………………………………………… 150
         6.3.2 实施方法 …………………………………………… 150
         6.3.3 案例 ………………………………………………… 151
   6.4 协同设计 …………………………………………………… 152
         6.4.1 概念 ………………………………………………… 152
         6.4.2 实施方法 …………………………………………… 152
         6.4.3 案例 ………………………………………………… 153
   6.5 供应链管理 ………………………………………………… 153
         6.5.1 概念 ………………………………………………… 153
         6.5.2 实施方法 …………………………………………… 155
         6.5.3 案例 ………………………………………………… 155
   6.6 智慧园区 …………………………………………………… 156
         6.6.1 概念 ………………………………………………… 156
         6.6.2 实施方法 …………………………………………… 157
         6.6.3 案例 ………………………………………………… 158
参考文献 …………………………………………………………… 158

第 7 章　工业互联网发展与推广路径思考 ·················· 160
7.1　行业数字化转型的需求驱动工业互联网发展 ·············· 160
7.1.1　行业数字化转型升级需求不断扩大 ················· 160
7.1.2　数字化转型推进工业互联网应用不断拓展 ············ 161
7.2　发展路径：从政府引领到企业内生动力 ················· 162
7.2.1　路径之一：政府引领工业互联网创新发展 ············ 162
7.2.2　路径之二：不断壮大企业内生动力 ················· 164
7.2.3　路径之三：全局智能化提质工业互联网发展 ·········· 164
7.3　技术创新引领工业互联网发展新格局 ··················· 167
7.3.1　技术创新催生工业新动能 ························· 167
7.3.2　新兴技术应用拓展工业互联网新格局 ··············· 168

第1章

因时乘势：工业互联网起源与内涵

当前，在新科技革命和产业变革的大背景下，数字经济已成为重组全球要素资源、重塑全球经济结构、改变全球竞争格局的关键力量。作为产业数字化转型的重要基础设施，工业互联网顺势兴起，其利用新一代信息技术对制造业进行全方位、全角度、全链条改造，成为工业格局变革的聚焦点，并加快向各产业渗透。作为新一代信息技术与制造业转型发展历史性交汇的产物，工业互联网正在推动工业生产方式、管理模式、创新模式持续变革，加速工业经济向数据驱动模式转变。工业互联网具有广阔的前景和无限的潜力，对于夯实智能制造、智慧物流、低碳环保等融合创新发展基础，推动我国工业经济发展加快向智能、绿色、低碳转型，将持续产生全方位、深层次、革命性影响。

1.1 工业互联网起源和内在动力

1.1.1 概念起源

目前，国际上一般认同 2012 年美国通用电气公司（GE）首次提出的工业互联网概念，即：工业互联网汇集了工业革命和互联网革命的进步，有望推动经济增长，提供更好的就业机会，提高人们的生活水平；智能机器、高级分析和工作中的人是工业互联网的三大元素，如图 1.1 所示；其核心是利用"智能设备"采集数据，"智能系统"通过数据挖掘分析及可视化展现，形成"智能决策"，指导生产和工艺优化，提升设备的运转效率，减少停机时间和计划外故障。

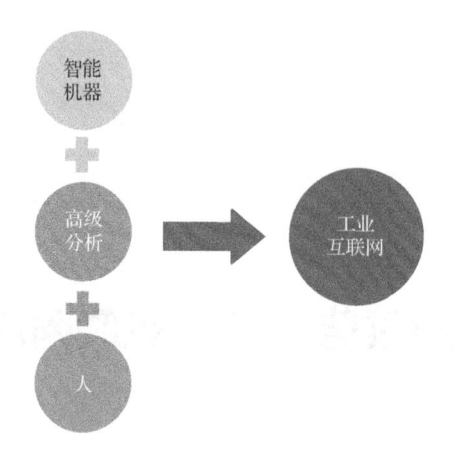

图 1.1　工业互联网的三大元素

　　工业互联网概念提出后，得到了各国政府和产业界的积极回应，在全球范围内迅速兴起。在美国政府及骨干企业的推动下，美国在工业互联网的发展中发挥了主导作用。GE 公司为航空、医疗、能源电力、生物制药、半导体芯片、新型材料等先进制造领域提供了提高制造业效率、优化资产和运营的大量典型范例。作为全球第一个工业互联网平台，GE 公司的 Predix 平台在工业互联网发展中具有里程碑意义。借助该平台，GE 公司的业务从设备的生产和运营拓展到工业互联网平台服务和运营。

　　2014 年 3 月，GE 公司联合 AT&T、思科、IBM、英特尔等信息龙头企业，组建了工业互联网联盟（Industrial Internet Consortium，IIC）。该组织致力于打破技术壁垒，促进物理世界和数字世界的融合，截至 2020 年 6 月，其已经吸引了全球 160 多家骨干企业和组织加入，覆盖了电信服务、通信设备、工业制造、数据分析和芯片等密切相关的行业和技术领域，在工业互联网标准制定、测试验证、国际合作及推广应用方面起到重要作用。

1.1.2　新一代信息技术发展的必然趋势

　　当前，我们正在经历新一轮的数字化技术浪潮，其中的代表性技术有物联网（Internet of Thing，IoT）、增强现实（Augmented Reality，AR）、大数据、人工智能（Artificial Intelligence，AI）、云计算、区块链等。与以往不同的是，这些数字技术正在与产业快速融合，形成强大的组合效应，进一步推动新业态、新模式呈指数级增长。

　　物联网、云计算、大数据、区块链和人工智能等新一代信息技术是新一

轮科技革命和数字经济浪潮中创新最活跃、交叉最密集、渗透性最强的领域。新一代信息技术向实体经济快速延伸,正引发产业系统性、革命性、群体性的技术革新和模式变革,其中与制造业的融合尤为深刻。

如图 1.2 所示,以物联网、云计算、大数据、区块链和人工智能等为代表的新一代信息技术,加速融入生产制造全过程、产业链各环节和产品的整个生命周期,深刻改变着传统产业的制造模式、产品和服务,催生了工业互联网。通过构建面向全生命周期价值链的产品数据流,以数据为驱动,实现端到端的快速业务创新和应用体验,帮助企业实现业务模式和商业模式的创新,实现从传统企业向数字企业的转变,推动整个制造业转型升级。

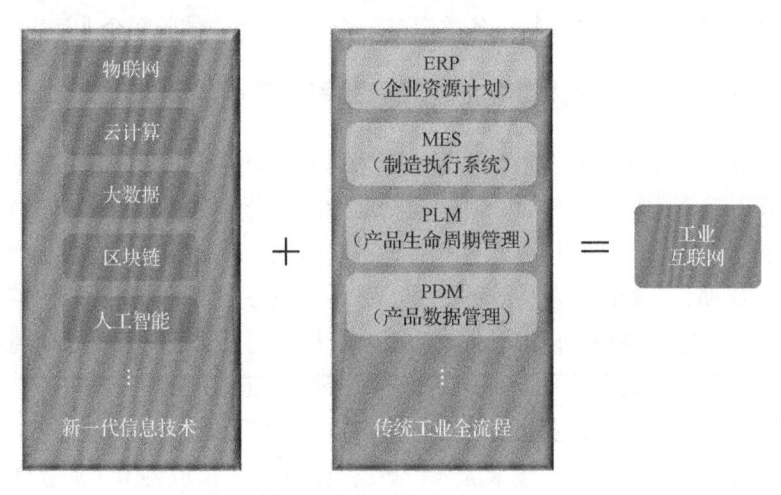

图 1.2 新一代信息技术催生工业互联网

1.1.3 企业数字化转型的手段与路径

自 20 世纪 70 年代以来,随着计算机与自动化技术的发展,信息技术在制造业的产品设计、生产制造、管理运营、售后服务等领域的应用得到全面深化。随着企业信息化进程的持续推进,企业内部建立了越来越多的信息化系统,如产品数据管理(PDM)、客户关系管理(CRM)、企业资源计划(ERP)和制造企业制造执行系统(MES)等。

信息化系统的不断增加,也带来一些问题,如形成了越来越多的"信息烟囱""信息孤岛",企业管理者无法实时洞察企业的日常运营情况,包括产品研制进度、产品交付后的使用情况、产品配置、设计模型、供应商信息等;因为这些数据分别存储在不同的信息系统中,无法互相连通,需要通过人工分别提取，不仅费时费力，而且无法保证数据的准确性和实时性。

企业为打破传统的组织壁垒和数据孤岛，提供更加敏捷、高效的运营服务，构建通畅连贯的数据流，实现以数据驱动业务，需要将数字化技术与管理技术和业务过程相结合，并应用到企业产品生命周期全过程、全价值链和企业运营管理的各个环节，实现产品设计、制造、运营、服务等业务环节的数字化，这一过程称为数字化转型。

工业互联网能帮助企业采集生产制造各环节中的数据和信息，通过工业互联网平台对数据进行实时智能分析，做出生产经营管理等决策，在生产方式、组织管理和商业模式等维度实现数据驱动，推动产业模式和企业形态发生根本性转变，实现产品与业务的深度融合，提升用户体验和企业运营效率。

1.1.4　制造业大国抢占国际竞争制高点的要求

当前，互联网创新发展与新工业革命正处于历史交汇期，信息技术加速与经济社会各领域渗透融合，其中与制造业的融合尤为深刻。以互联网为代表的新一代信息技术加速融入生产制造的全过程、产业链的各环节和产品的全生命周期，深刻改变着传统的产业、产品和服务。为了抢占新工业革命先机，发达国家围绕核心标准、技术和平台积极布局工业互联网，旨在通过生产关系、生产方式和技术革新，使工业重新焕发强大生命力和竞争力，借助数字化占据下一代制造业生态体系的制高点。

由于各国产业基础、技术优势和战略重点不同，所以各国工业互联网的发展路径也有所不同。北美、西欧、亚太是全球工业互联网发展的主要地区。传统发达国家较早布局新一轮产业革命，其工业互联网产业发展水平较高；中国作为发展中国家，正在依托自身的产业现状，积极推进产业转型升级，用工业互联网的思维赋能产业发展。世界各国先后发力工业互联网，虽名目各异、侧重点不尽相同，但目标均指向制造业的转型升级，促进本国的产业发展。

为应对全球工业互联网大潮可能带来的竞争格局的改变，除了美国、德国、中国，英国、日本等以制造业为主导产业的国家也纷纷推出各自的制造业发展国家战略，许多著名的跨国公司和骨干企业也积极参与探索实践。美国、德国、中国等国先后提出"工业互联网""工业 4.0""两化融合"等概念和相关战略，无论在内涵和具体做法上有何区别，其整体目标是一致的，都是基于网络和信息平台将人、设备、数据进行有效的结合，并且通过工业

生产力和信息生产力的融合，创造出具有更高效率的新的生产力，从而促进新工业革命的发展进程。

全球主要制造业大国的工业互联网战略见表 1.1。

表 1.1 全球主要制造业大国的工业互联网战略

国　家	战　略
美国	"再工业化战略" "先进制造伙伴计划（AMP）" "美国先进制造国家战略计划" "美国制造业创新网络"计划
德国	"工业 4.0"战略 "数字化战略 2025" "德国工业战略 2030"
英国	"英国工业 2050 战略" "高价值制造"战略 "现代工业战略"
法国	"新工业法国"计划 "未来工业"计划
印度	"印度制造"计划
日本	"机器人新战略" "日本再兴战略"
韩国	"制造业创新 3.0 战略"
中国	"两化融合" "智能制造" "工业互联网"

我国政府高度重视工业互联网对我国制造业升级发展的重大意义，相继出台了一系列的政策文件，推动工业互联网健康、快速、持续发展。2013 年工信部在《信息化和工业化深度融合专项行动计划（2013—2018 年）》中提出，要开展"互联网与工业融合创新行动计划"，在部委政策文件里首次体现"工业互联网"的雏形。2017 年 11 月，国务院印发了《国务院关于深化"互联网+先进制造业"发展工业互联网的指导意见》，这是我国推进工业互联网的纲领性文件，将为当前和今后一个时期国内工业互联网发展提供指导和规范。

1.2 工业互联网的内涵和本质

1.2.1 工业互联网的内涵

工业互联网是新一代信息技术与制造业深度融合的产物，是实现产业数字化、网络化、智能化发展的重要基础设施，通过人、机、物的全面互联，全要素、全产业链、全价值链的全面连接，推动形成全新的工业生产制造和服务体系，成为工业经济转型升级的关键依托、重要途径、全新生态。

工业互联网的内涵如图1.3所示。

（1）工业互联网是关键的网络基础设施。工业互联网不仅依托现有互联网，而且工业互联网的发展与推进还会促进现有互联网的演进，着眼构筑支撑工业全要素、全产业链、全价值链互联互通的网络基础设施。例如，在企业内部，首先，通过横向连接，打通人、财、物、产、供、销各环节，以及设备、产线、生产和运营系统等要素，提升生产率和产品质量，降低能源资源消耗，打造智能工厂，塑造数据驱动的智能生产能力；其次，通过纵向连接，打通企业内外部产业链，提升协同能力，实现产品、生产和服务创新，塑造数据驱动的业务创新能力；最后，汇聚全价值链资源，实现资源优化配置，推动业务模式和商业模式转型，打造面向产业的生态体系和平台经济，塑造数据驱动的生态运营能力。

（2）工业互联网是新业态和新模式。工业互联网虽然在形式上与互联网和移动互联网相似，但它与工业生产相关，而且有很多创新应用。工业互联网基于数据驱动的全连接推动企业形成一张"大网"，改变了信息链接范围，转变了工业业务模式，催生了网络化协同、规模化定制、服务型制造等新模式和新业态。工业互联网的大连接带来了制造方式和企业形态的根本性变化。例如，通过连接客户，获得客户画像，实现精准营销和个性化定制；通过连接产品，远程诊断、预测性维护成为现实，传统的售后服务模式被颠覆，由"卖产品"转向"卖服务"，制造服务化新模式逐渐成为主流；通过连接供应商，打通产业链上下游，实现网络化协同生产、协同设计，同时供应链金融也为企业融资提供新渠道，降低融资风险，经济社会效益显著；通过连接员工，为员工数字化赋能，打造敏捷、扁平化的组织，人机协作更加普遍，就业新模式和零工经济逐渐呈现，企业人力资源管理将得以颠覆和重塑。

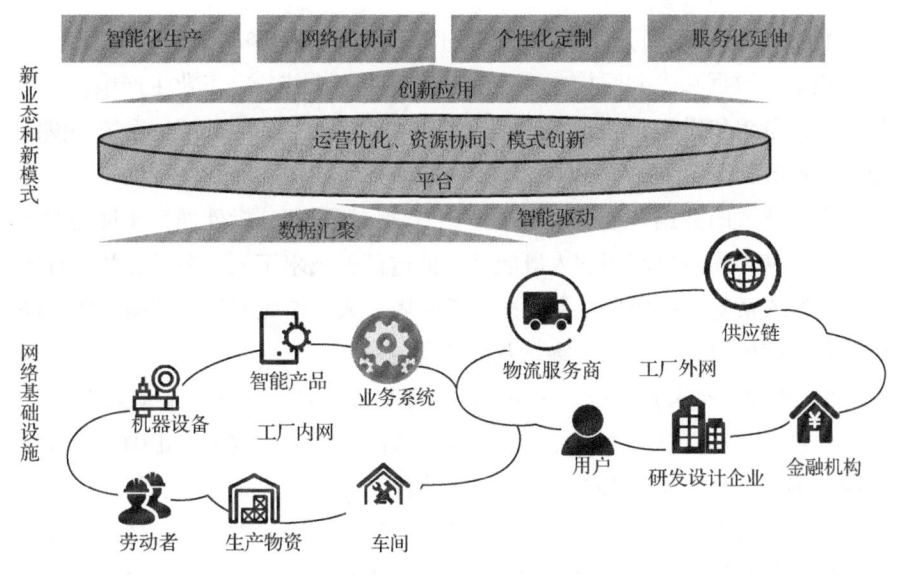

图 1.3　工业互联网的内涵

1.2.2 工业互联网的本质

工业互联网是一个由机器、设备组、设施和系统网络组成的庞大物理世界，它能够在更深层面与连接能力、大数据、数字分析相结合。如图 1.4 所示，可以从构成要素、核心技术、产业发展和应用创新四个层面认识工业互联网的本质。

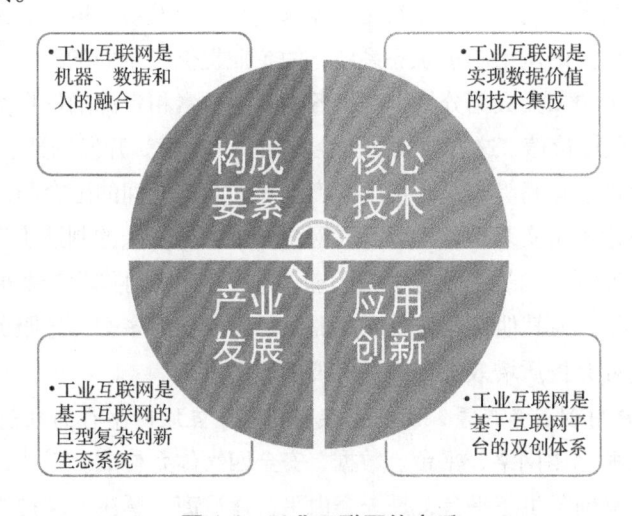

图 1.4　工业互联网的本质

1）从构成要素角度看，工业互联网是机器、数据和人的融合

机器、数据和人共同构成了工业互联网生态系统。在工业生产中，各种机器、设备组和设施，通过传感器、嵌入式控制器、终端和应用系统与网络连接，形成基于"云—管—端"的新型复杂体系架构。随着生产的推进，产生了多种形式的数据，通过数据采集、传输、汇聚和分析处理，实现向信息资产的转换和商业化应用。人既包括企业内部的技术工人、领导者和远程协同的研究人员等，也包括企业之外的消费者，人员彼此间建立网络连接并频繁交互，完成设计、操作、维护及高质量的服务。

2）从核心技术角度看，工业互联网是实现数据价值的技术集成

大数据贯彻工业互联网始终，工业互联网将正确的数据在正确的时间传递给正确的人和机器，以信息流带动技术流、资金流、人才流、物资流，不断优化制造资源的配置效率，从而构建一套数据自动流动的运行体系。通过集成应用各类技术和各类软/硬件，完成感知识别、远近距离通信、数据挖掘、分布式处理、智能算法、系统集成、平台应用等连续性任务，数据体系经历产生、收集、传输、分析、整合、管理决策等阶段后，从原始的杂乱无章变成最有价值的决策信息。因此，工业互联网是实现数据价值的重要工具。

3）从产业发展角度看，工业互联网是基于互联网的巨型复杂创新生态系统

工业互联网的应用主体多样、应用形式丰富，涵盖从厂内到厂外、从软件到硬件、从数字到实体的复杂生态体系。从产业发展角度看，工业互联网构建了一个庞大的网络制造生态系统，为企业提供了全面的感知、移动的应用、云端的资源和大数据分析，实现各类制造要素和资源的信息交互及数据集成，释放数据价值。这有效驱动了企业在技术研发、开发制造、组织管理、生产经营、市场营销等方面开展全向度创新，为产业间的融合与产业生态的协同发展奠定了坚实基础。工业互联网是一个巨型复杂的制造生态系统，为企业发展智能制造构筑了先进组织形态，为社会化大协作生产搭建了深度互联的信息网络，为其他行业智慧应用提供了可以支撑多类信息服务的基础平台，为经济社会提质增效发展提供重要的驱动力量。

4）从应用创新角度看，工业互联网是基于互联网平台的双创体系

工业互联网由网络、平台、数据、安全四大体系构成。工业互联网平台本质上是"双创"生态平台，是一个由平台建设商、解决方案提供商、开发者等多方主体构建的"双创"平台。工业互联网平台包括数据采集层（边缘

层)、平台开发层(工业 PaaS)和应用服务层(工业 SaaS),需要多方主体合作构建。其中,数据采集层主要由自动化企业、ICT 企业等解决方案提供商主导,核心是通过协议兼容与转换实现多源设备和异构系统的数据采集,并实现不同协议数据基层的汇聚。平台开发层主要由工业企业主导,核心是将大量工业技术原理、行业知识、基础模型规则化、软件化、模块化,并将其封装为可重复使用的工业微服务。应用服务层由软件开发商、应用开发者主导,核心是面向智能化生产、网络化协同、个性化定制等典型应用场景,通过多方主体的协同参与,为用户提供各类在平台中定制化开发的智能化工业应用和解决方案,推动形成资源富集、合作共赢、协同演进的制造业"双创"生态。

1.3 工业互联网体系架构

1.3.1 国外典型工业互联网体系架构

1. 美国

2015 年 6 月,美国工业互联网联盟(IIC)首次发布了工业互联网参考架构(IIRA),并对工业互联网的框架进行定义与说明。

IIC 主要从业务视角、使用视角、功能视角和实施视角四个层级来推出工业互联网参考架构(IIRA),IIRA 模型如图 1.5 所示。

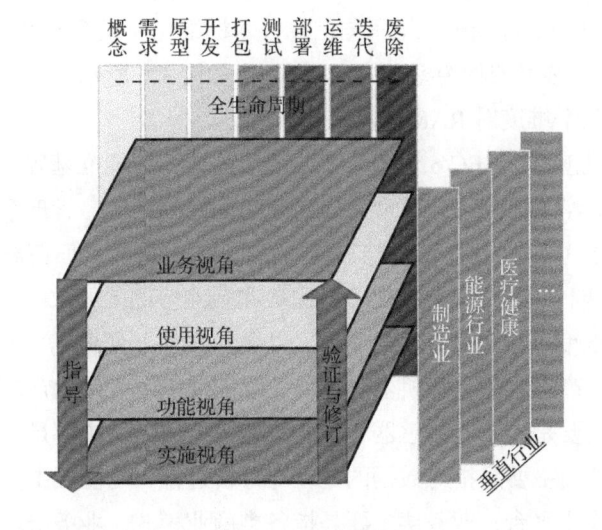

图 1.5 IIRA 模型

（1）业务视角。企业建立工业互联网系统后，管理层、产品经理和工程师等利益相关者的企业愿景、价值观和企业目标会获取更多的关注，工业互联网系统如何反映业务成果将受到格外关注。

（2）使用视角。使用视角指出系统预期使用的一些问题，通常来说，它表明一种人或逻辑用户的活动序列，与最终实现其基本系统功能的用户相关。该视角一般会涉及管理层、使用者及工程师和其他利益相关者，包含参与工业互联网系统规范制定和代表最终使用用户的人。

（3）功能视角。功能视角聚焦工业互联网体系中的功能元件，包含它们之间的相互关系、结构、相互之间的接口与交互，以及与外部环境的相互作用等。该视角确定了商业、运营、信息、应用和控制五个功能领域，并且对系统组件的设计者而言，系统组建建筑师、开发商和集成商具有强烈的吸引力。

（4）实施视角。实施视角主要集中在功能部件之间的通信方案和生命周期所需的技术问题。该视角的焦点与系统组件工程师、开发商、集成商和系统操作员密切相关。

IIRA 为工业互联网系统的各要素及相互关系提供了通用语言，开发者可在通用语言的帮助下为系统选取所需要素，从而快速地交付系统实现。IIRA 主要关注跨行业的通用性和互操作性，并提供了一套方法论和模型。IIRA 以商业价值为核心，以数据分析为支撑点，从而推动工业互联网体系的全面优化。

2. 德国

2015 年 4 月，德国电工电子与信息技术标准化委员会（DKE）正式提出了"工业 4.0"参考架构模型（RAMI 4.0），如图 1.6 所示。

下面从三个维度对 RAMI 4.0 进行解构。

第一个维度是在 IEC 62264 企业系统层级架构的标准基础之上（该标准是基于普度大学的 ISA-95 模型，界定了企业控制系统、管理系统等各层级的集成化标准），补充了产品或工件的内容，并由个体工厂拓展至"连接世界"，从而体现"工业 4.0"针对产品服务和企业协同的要求。

第二个维度是信息物理系统的核心功能，以各层级的功能来具体体现。具体来说，资产层主要是指机器、设备、零部件以及人等生产环节的每个单元；集成层主要是指一些传感器和控制实体等；通信层主要是指专业的网络架构等；信息层主要是指对数据的处理与分析过程；功能层主要是指企业运营管理的集成化平台；业务层主要是指各类商业模式、业务流程、任务下发

等，体现的是制造企业的各类业务活动。

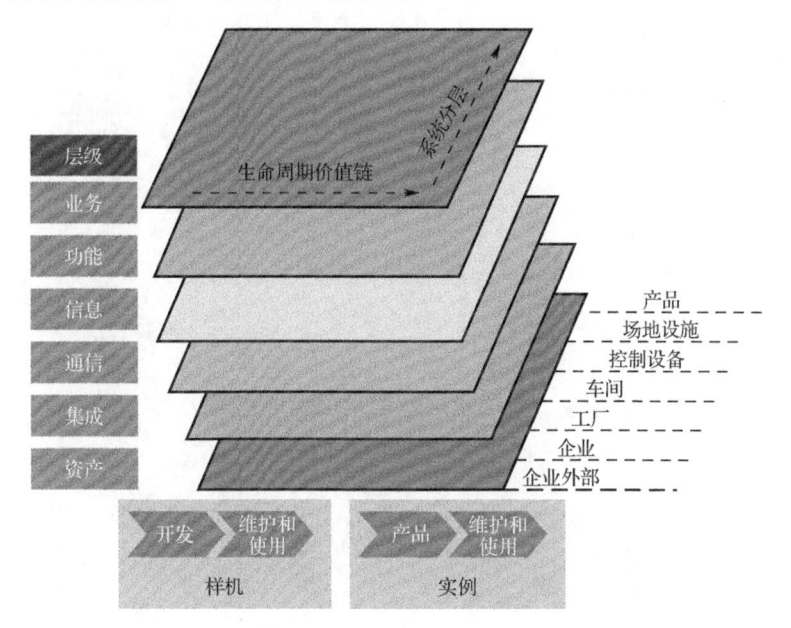

图 1.6 "工业 4.0"参考架构模型（RAMI 4.0）

第三个维度是价值链，从产品的全生命周期视角出发，描述了以零部件、机器和工厂为典型代表的工业要素从虚拟原型到实物的全过程。具体体现为三个方面：一是基于 IEC 62890 标准，将其划分为模拟原型和实物制造两个阶段。二是重点突出零部件、机器和工厂等各类工业生产要素都要有虚拟和现实两个过程，体现了全要素的"数字孪生"特征。三是在价值链构建过程中，基于数字系统，工业生产要素之间紧密联系，实现工业生产各环节链接。

值得关注的是，"工业 4.0"部件模型对零部件、设备、产线、车间、工厂甚至信息化系统在内的所有资产提供统一的信息物理系统（CPS）模型，描述其功能、性能和状况，并从通信协议、句法和语义等方面为它们之间的交互提供统一的界面。"工业 4.0"部件模型的广泛实施，对推动制造环境各个系统间的互联互通，将会发挥重大作用，具有重要意义。

3. 日本

2016 年 12 月，日本工业价值链促进会（IVI）推出了智能工厂的工业价值链参考架构（IVRA），其模型如图 1.7 所示。

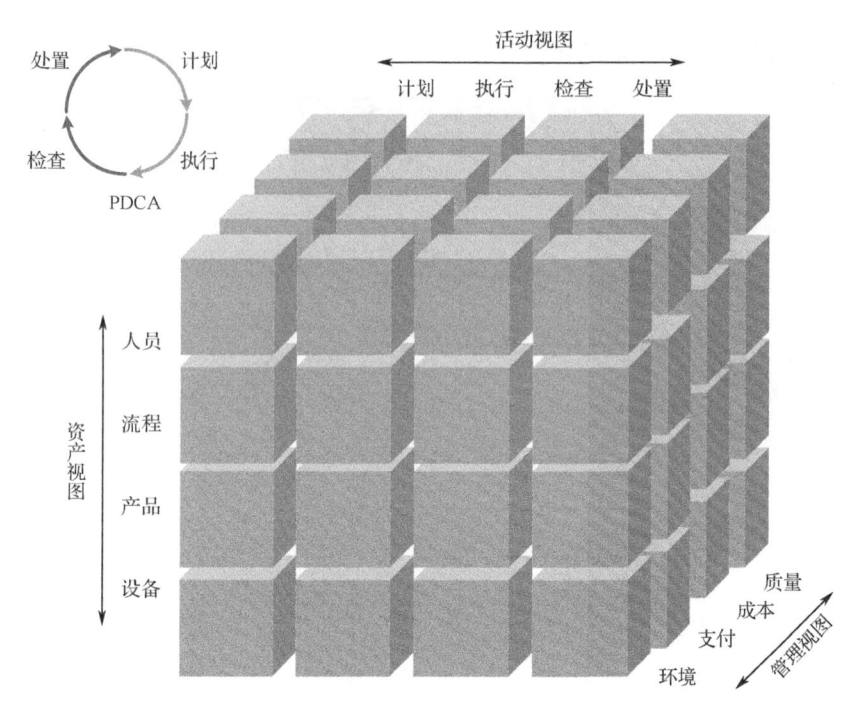

图 1.7　IVRA 模型

该架构是一个 3 维模式。IVI 将制造现场作为 1 个智能制造单元，从制造业重点关注的质量、成本、交付、环境等的管理角度出发，结合人员、流程、产品和设备等生产环境的要素，以及计划、执行、检查和处置等反映作业流程的要素，通过信息化实现生产过程优化，进而提出智能制造的总体功能模块架构。在不同的（设备、车间、部门和企业）智能制造单元上，分析产品链数据和价值链数据，实现各个环节的具体功能，颇具日式的逻辑特色。

1.3.2　我国工业互联网体系架构

为推进工业互联网的发展，中国工业互联网产业联盟（AII）于 2016 年 8 月发布了《工业互联网体系架构（版本 1.0）》（以下简称"体系架构 1.0"）。体系架构 1.0 提出工业互联网网络、数据、安全三大体系，基于这三大体系，工业互联网重点构建三大优化闭环，即面向机器设备运行优化的闭环、面向生产运营决策优化的闭环，以及面向企业协同、用户交互与产品服务优化的全产业链、全价值链的闭环，并进一步形成智能化生产、网络化协同、个性化定制、服务化延伸四大应用模式。

体系架构 1.0 发布以后，工业互联网的概念与内涵已获得各界广泛认同，其发展也由理念与技术验证走向规模化应用推广。为了强化工业互联网在技术解决方案开发与行业应用推广的实操指导性，以更好支撑我国工业互联网下一阶段的发展，2020年4月，工业互联网产业联盟组织研究并提出了工业互联网体系架构 2.0，旨在构建一套更全面、更系统、更具体的总体指导性框架。考虑到体系架构 1.0 中网络、数据、安全在数据功能上存在一定的重叠，如网络体系包含数据传输与互通功能，安全体系中包含数据安全功能，因此在体系架构 2.0 中以平台替代数据，重点体现 1.0 中数据的集成、管理与建模分析功能，形成网络、平台、安全三大体系，但功能内涵与 1.0 基本一致。

工业互联网产业联盟提出的工业互联网体系架构，将各复杂的要素抽象成若干模型，对于向社会各界普及工业互联网的思想，推动工业互联网应用，发挥了积极有效的作用。

近年来，随着工业互联网发展的共识不断深入，合力不断增强，逐渐形成了以网络为基础、平台为中枢、数据为要素、安全为保障的功能体系。工业互联网体系架构如图 1.8 所示。

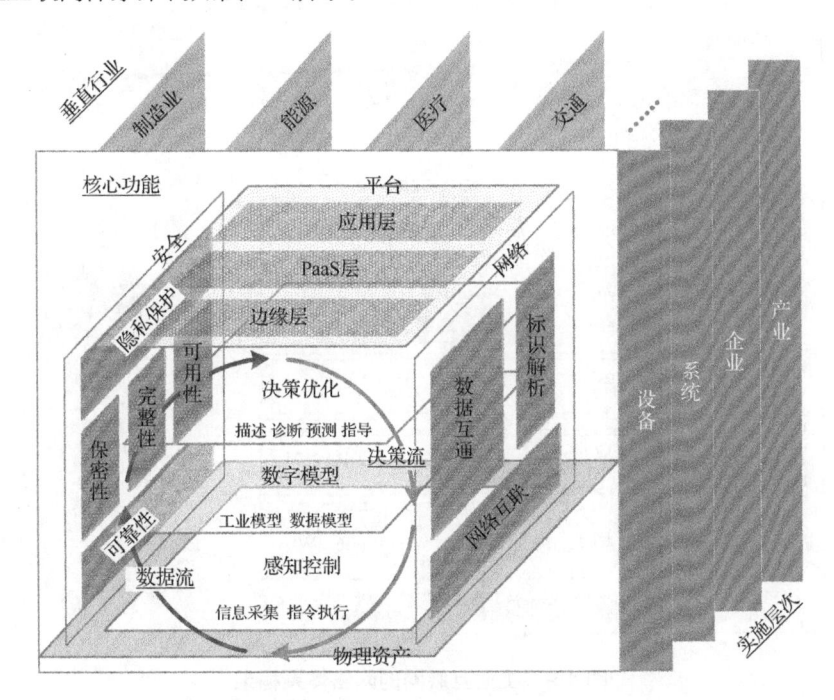

图 1.8 工业互联网体系架构

1. 网络

网络体系是实现工业全系统、全产业链、全价值链泛在深度互联的基础。通过打造低时延、高可靠性、广覆盖的网络基础设施，实现信息数据在生产各环节和全要素的无缝传递，从而支撑实时感知协同交互、智能反馈的生产模式。工业互联网将连接对象延伸到工业全系统，可实现人、物品、机器、车间、企业，以及设计、研发、生产、管理、服务等产业链、价值链全要素各环节的泛在深度互联与数据的顺畅流通，形成工业智能化的"血液循环系统"。

网络体系由网络互联、数据互通和标识解析三部分组成。网络互联即实现要素之间的数据传输，数据互通即实现要素之间传输信息的相互理解，标识解析即实现要素的标记、管理和定位。工业互联网的网络体系框架如图1.9所示。

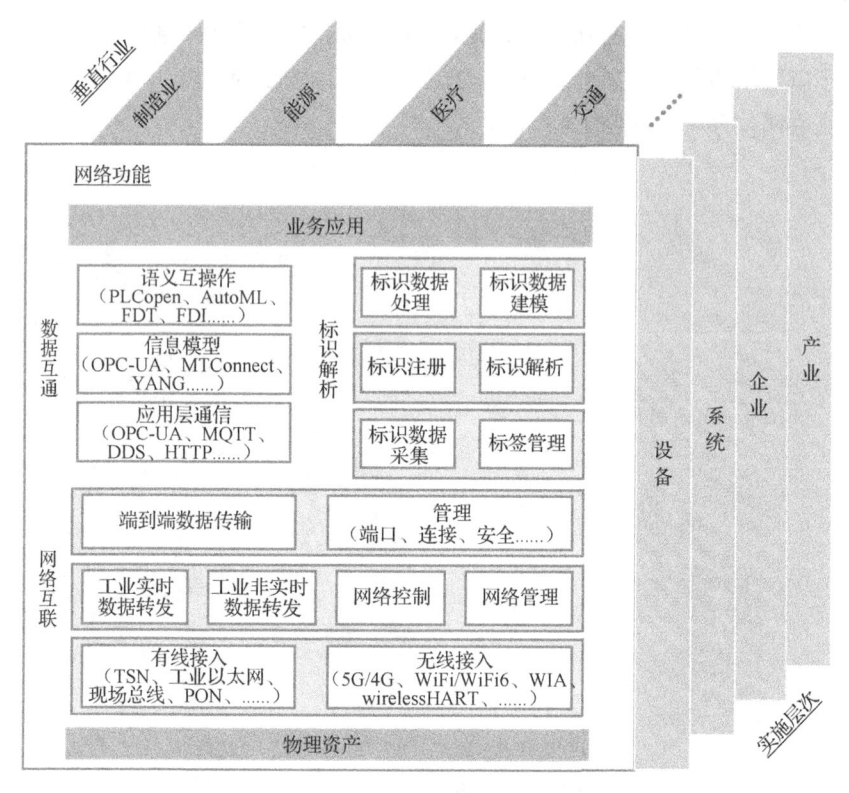

图1.9 工业互联网的网络体系框架

（1）网络互联：通过有线、无线方式，将工业互联网体系相关的"人机料法环"，以及企业上下游、智能产品、用户等全要素连接，支撑业务发展的多要求数据转发，实现端到端的数据传输。根据协议层次，可自下而上划分为多方式接入、网络层转发和传输层传送。

（2）数据互通：实现数据和信息在各要素间、各系统间的无缝传递。数据互通使得异构系统在数据层面能相互"理解"，从而实现数据互操作与信息集成。数据互通包括应用层通信、信息模型和语义互操作等功能。

（3）标识解析：依托建设各级标识解析节点，形成稳定高效的工业互联网标识解析服务，国家顶级节点与 Handle、OID、GS1 等不同标识解析体系根节点实现对接，在全球范围内实现标识解析服务的互联互通。标识解析提供标识数据采集、标签管理、标识注册、标识解析、数据处理和标识数据建模功能。

2. 平台

工业互联网平台作为工业智能化发展的核心载体，平台体系为数据汇聚、建模分析、应用开发、资源调度、监测管理等提供支撑，实现生产智能决策、业务模式创新、资源优化配置、产业生态培育，形成工业智能化的"神经中枢系统"。工业互联网平台的体系框架如图 1.10 所示。

平台是工业全要素链接的枢纽，也是工业资源配置的核心。平台下连设备、上连应用，通过海量数据汇聚、建模分析与应用开发，推动制造能力和工业知识的标准化、软件化、模块化与服务化，支撑工业生产方式、商业模式创新和资源高效配置，是构建制造业新生态体系的核心。工业互联网平台包括边缘层、PaaS 层和应用层三个关键功能组成部分。

（1）边缘层：提供工业数据接入、协议解析、数据预处理和边缘分析应用等功能。

（2）PaaS 层：提供资源管理、工业数据与模型管理、人机交互支持和工业应用开发环境等功能。

（3）应用层：提供工业创新应用、开发者社区、应用商店、应用二次开发集成等功能。

3. 数据

工业互联网将来源于"研产供销服"各环节，"人机料法环"各要素，

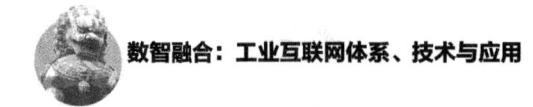

ERP、MES、PLC 等各系统产生的数据进行采集、流通、汇聚、计算、分析利用，形成工业智能化的"智能决策中枢系统"。

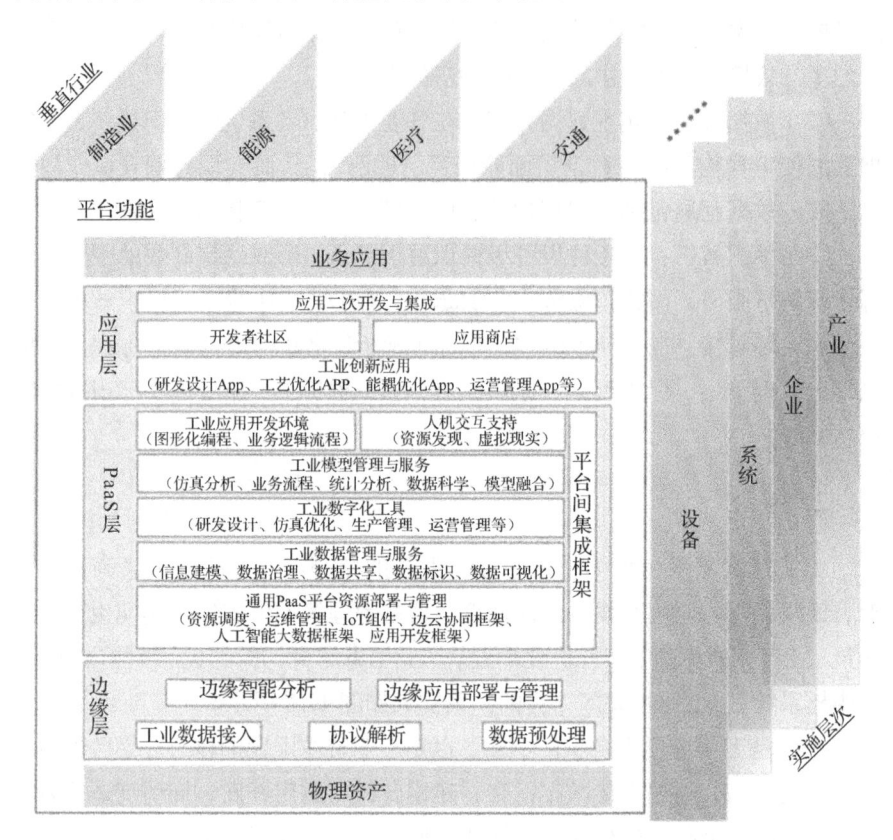

图 1.10　工业互联网平台体系框架

工业互联网以数据为核心，数据功能体系主要包含感知控制、数字模型、决策优化三个基本层次，以及一个由自下而上的信息流和自上而下的决策流构成的工业数字化应用优化闭环。工业互联网的数据功能体系如图 1.11 所示。

（1）感知控制层：构建工业数字化应用的底层"输入-输出"接口，包含感知、识别、控制、执行四类功能。

（2）数字模型层：强化数据、知识、资产等的虚拟映射与管理组织，提供支撑工业数字化应用的基础资源与关键工具，包含数据管理、数据模型和工业模型三类功能。

（3）决策优化层：聚焦数据挖掘分析与价值转化，形成工业数字化应用核心功能，主要包括分析、描述、诊断、预测、指导及应用开发。

第 1 章　因时乘势：工业互联网起源与内涵

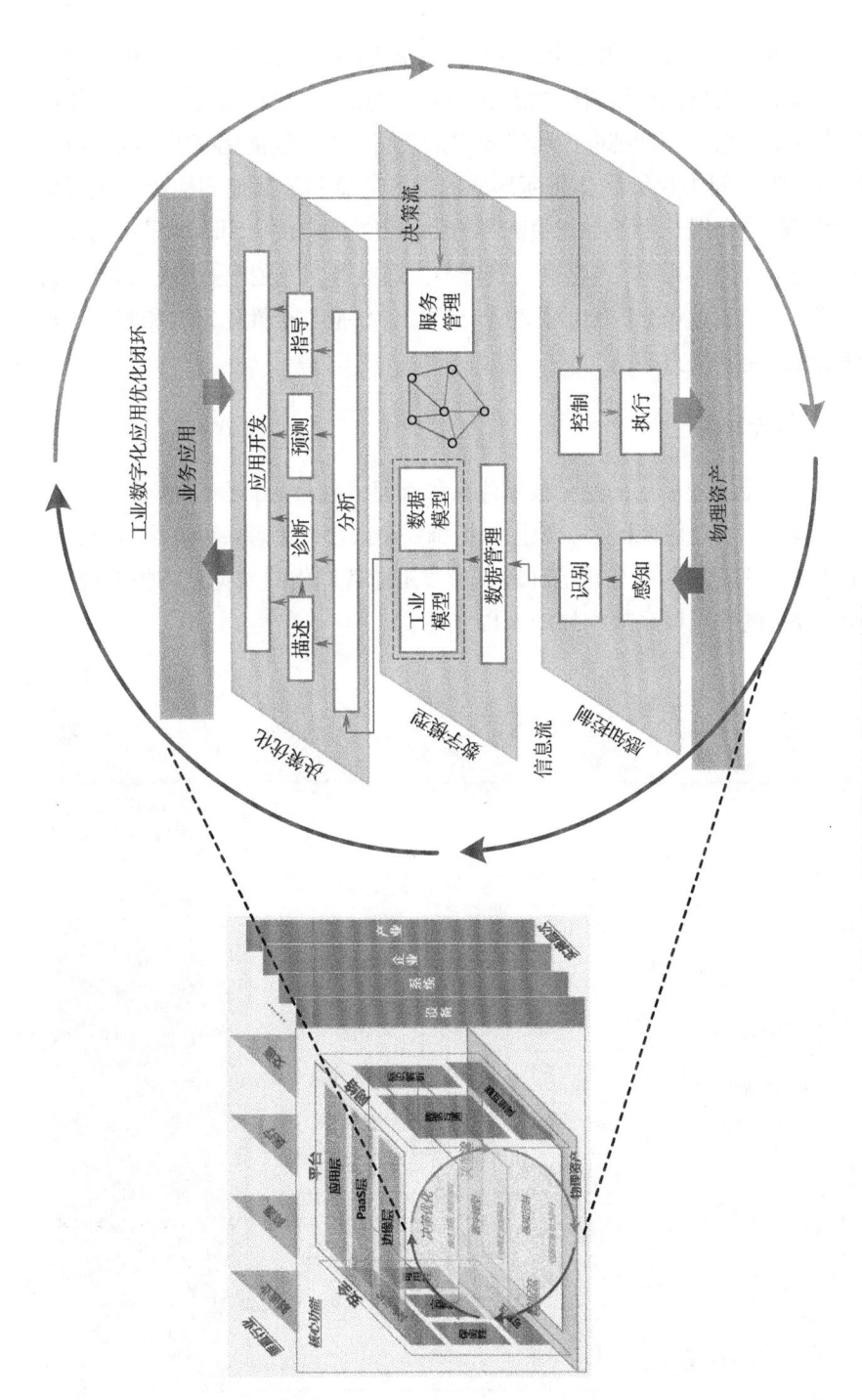

图1.11　工业互联网的数据功能体系

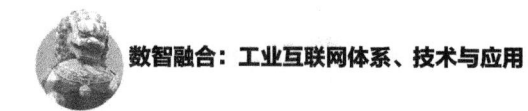

自下而上的信息流和自上而下的决策流形成了工业数字化应用的优化闭环。其中，信息流从数据感知出发，通过数据的集成和建模分析，将物理空间中的资产信息和状态向上传递到虚拟空间，为决策优化提供依据。决策流则将虚拟空间中决策优化后所形成的指令信息向下反馈到控制与执行环节，用于改进和提升物理空间中资产的功能和性能。优化闭环就是在信息流与决策流的双向作用下，连接底层资产与上层业务，以数据分析决策为核心，形成面向不同工业场景的智能化生产、网络化协同、个性化定制和服务化延伸等智能应用解决方案。

4．安全体系

建设满足工业需求的安全技术体系和管理体系，增强设备、网络、控制、应用和数据的安全保障能力，识别和抵御安全威胁，化解各种安全风险，构建工业智能化发展的安全可信环境，形成工业智能化的"免疫防护系统"。工业互联网的安全体系架构如图 1.12 所示。

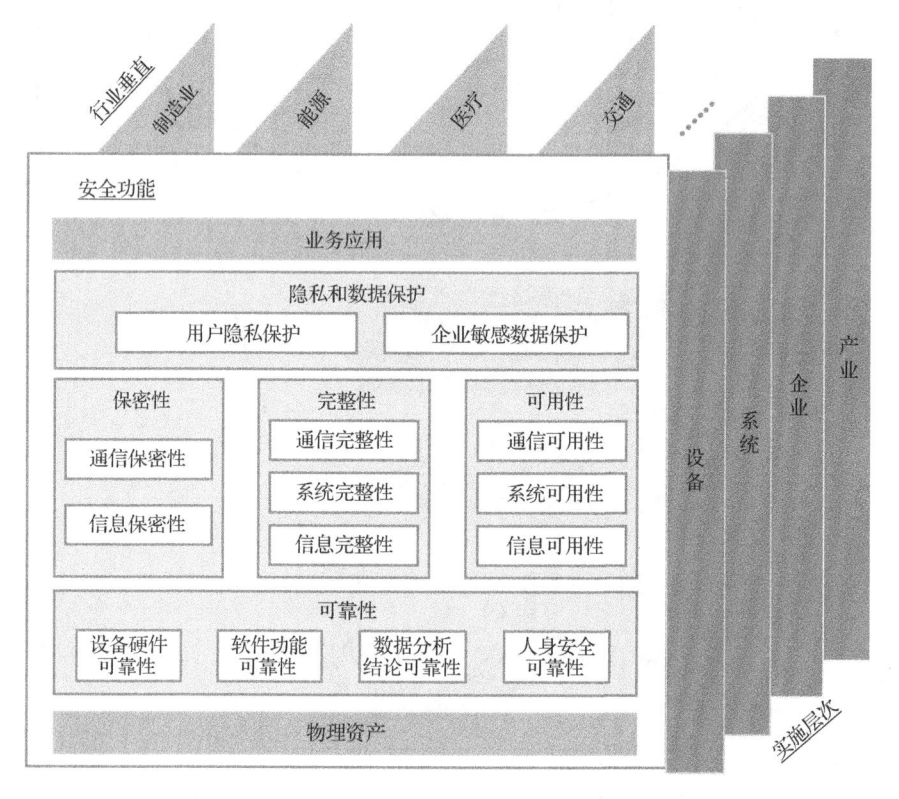

图 1.12　工业互联网的安全体系架构

为解决工业互联网面临的网络攻击等新型风险，确保工业互联网健康有序发展，工业互联网的安全体系架构充分考虑了信息安全、功能安全和物理安全。工业互联网安全所具备的主要特征，包括可靠性、保密性、完整性、可用性，以及隐私和数据保护。

通过建立工业互联网安全保障体系，实现对工厂内外网络设施的保护，避免工业智能装备、工业控制系统受到内部和外部攻击，保障工业互联网平台及其应用的可靠运行，降低工业数据被泄露、篡改的风险，实现对工业互联网的全方位保护。安全体系保障工业互联网生产管理等各个环节的可靠性、保密性、完整性、可用性，以及隐私和数据保护。

（1）可靠性指工业互联网业务在一定时间内、一定条件下无故障地执行指定功能的能力或可能性。包括设备硬件可靠性、软件功能可靠性、数据分析结论可靠性和人身安全可靠性。

（2）保密性指工业互联网业务中的信息按给定要求不泄露给非授权的个人或企业加以利用的特性，即杜绝有用数据或信息被泄露给非授权个人或实体。包括通信保密性和信息保密性。

（3）完整性指工业互联网用户、进程或者硬件组件能验证所发送的信息的准确性，并且进程或硬件组件不会被以任何方式改变的特性。包括通信完整性、信息完整性和系统完整性。

（4）可用性指在某个考察时间内，工业互联网业务能够正常运行的概率或时间占有率期望值，其是衡量工业互联网业务在投入使用后实际使用的效能。包括通信可用性、信息可用性和系统可用性。

（5）隐私和数据保护指对工业互联网用户个人隐私数据或企业拥有的敏感数据等提供保护的能力。包括用户隐私保护和企业敏感数据保护。

1.3.3 体系架构的演变

近年来，我国工业互联网应用发展取得了巨大成就，同时在实践中也暴露出了一些问题。比如，一方面，对工业互联网 IT（信息技术）与 OT（操作技术）的融合体现得不够深入，多数中小企业数字化水平较低，网络化、智能化演进基础薄弱，工业互联网难以为企业带来足够的价值，提质、增效、降本效果有限，导致很多中小企业对于工业互联网仍持观望态度，推广应用难。另一方面，企业出于数据安全方面的顾虑，不愿意将生产数据、企业内部的管理数据上传到工业互联网平台，导致平台难以深度整合全要素、全产业链、全价值链,难以实现商业闭环,致使新模式和新业态难以深化及创造价值。下一步,我国工业互联网在持续加强新一代信息技术发展的同时,亟待从工业端发力,推动工业互联网创新发展走深、走实。

为了解决以上问题,业界提出,未来工业互联网体系架构将沿着以下三个方向演进(如图1.13所示):

(1)进一步促进IT与OT的深度融合。我国的工业互联网体系架构将从不同维度和层面促进IT和OT的深度融合。例如,在研发设计层面,重视客户端数据指导研发设计的有效性,提高研发设计的智能化水平;在生产制造层面,强调新一代信息通信技术(5G/AI/TSN/标识解析等)与生产控制系统的结合,解决设备互操作性不高等问题;在管理层面,强调优化实时处理海量信息。

(2)进一步重视数据要素价值变现。企业发展工业互联网的动力是实现价值,实现价值的基础是数据,价值是数据汇聚的引导,工业智能则是挖掘数据价值的手段。工业互联网体系架构将围绕数据这一主线,探索数据在工业体系流转所需的技术体系,以及相应的机制、标准、法规等,打通行业间信息壁垒,通过数据共享实现价值共享。

(3)进一步体现我国国情和特色。我国政府高度重视工业互联网创新发展,并重视工业互联网对于国家治理体系和治理能力的提升。同时,我国工业互联网产业布局散、乱、小,缺乏工业领域的龙头企业,同时具有大量中小企业,对我国工业互联网产业的规划必须予以重视。因此,工业互联网体系架构应当考虑这些特点。

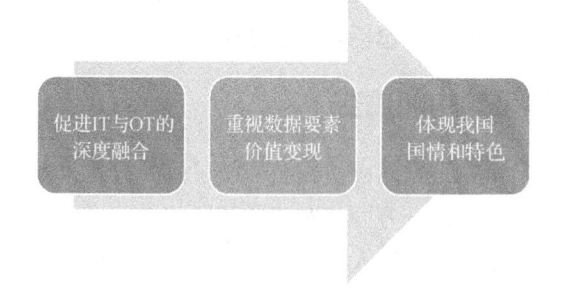

图1.13 工业互联网体系架构的演进方向

1.4 我国发展工业互联网的重大意义

1.4.1 工业互联网是生产力变革的助推器

全球制造业在经历了蒸汽时代、电气时代、计算机控制时代3个历史阶段后,正朝着网络化、智能化时代迈进。工业互联网通过生产要素信息的泛在感知、云端汇聚、高效分析和科学决策,促进传统制造体系中研发、生产、物流、服务等环节生产要素的整合和重构,实现生产全要素、全流程、全产业链、全生命周期管理的资源优化配置。这将带来制造资源从单机走向系统、从封闭走向开放、从流程优化到组织变革,推动资源优化沿着点、线、面、体、大系统、巨系统方向不断拓展,重构生产体系中信息流、产品流、资金流的运行模式,提高生产率,推动经济发展质量变革、效率变革、动力变革,推动新模式、新业态的深度应用和全面普及,进而推动人类生产力实现再一次跃升,对未来产业发展具有深层次、全方位、革命性影响。

1.4.2 工业互联网是我国数字经济发展的重要驱动力

新一轮产业革命在全球范围内方兴未艾,在全球信息化进入全面渗透、跨界融合、加速创新、引领发展新阶段的大背景下,数字经济已成为经济增长的重要驱动力,正成为创新经济增长方式的强大动能,并不断为全球经济复苏和社会进步注入新的活力。随着新一代信息通信技术加速从产业局部到产业全局、从单部门向整个产业链扩散,基于平台的产业生态竞争从ICT产业向制造业演进,数字经济正迈向体系重构、动力变革与范式迁移的新阶段。

工业互联网在数字经济发展中发挥着重要作用,对促进互联网与实体经济融合,培育新动能、把握新机遇、开辟新局面具有重要意义。工业互联网作为新一代信息通信技术与工业经济深度融合的产物,其集关键基础设施、全新产业生态和新型应用模式于一身,体现了互联网从消费领域向生产领域拓展的变革力量,是实现创新驱动发展、促进产业转型升级、发展数字经济的重要着力点。工业互联网催生大规模个性化定制、网络协同制造、服务型制造、智能化生产等一系列新模式、新业态,推动产能优化、存量盘活、绿色生产,创造更多新兴经济增长点;工业互联网打破创新个体的封闭围墙,为分布全国乃至全球的智力资源、制造能力提供了汇聚平台,推动了企业从封闭式创新走向开放式创新,加速了制造业领域的大众创业、万众创新。工业互联网为经济社会提供数字转型、智能升级、融合创新等服务，为数字经济发展创造了丰富的产业应用场景，能够撬动庞大的消费市场，乘数效应和带动效应显著，是我国经济加速转型升级的关键驱动力量。

1.4.3　工业互联网是保持我国制造业国际竞争优势的制高点

自从 2008 年国际金融危机发生以来，全球产业格局面临重构，发达国家"再工业化"战略方兴未艾，我国工业面临的发展环境发生了剧烈变化，锁定在全球产业链低端的我国工业也站在了一个转折点上，我国制造业面临着多重挑战。

一方面，以德国提出工业 4.0 为标志，全球进入新一轮工业革命与产业竞争快速发展时期。欧洲、美国、日本等先进制造业国家纷纷提出自己的战略新兴产业发展战略，以求在数字化时代抢夺高端制造业的竞争制高点。

另一方面，我国制造业赖以发展的劳动力成本优势，正随着未来劳动力人口锐减和人口老龄化加剧而逐渐丧失。普通劳动者的工资持续快速上涨，劳动密集型的产业开始向人力成本更低、环保要求更宽松的东南亚国家转移。

发展工业互联网，利用先进制造技术促进省人、增效、降成本，成为制造业转型升级与持续发展的应有之义。

工业互联网能够为先进制造提供不可或缺的网络连接，提供工业大数据的采集、传输、计算和分析，提供新模式、新业态发展所需要的信息服务，提供企业研发设计、经营决策、组织管理所需的新工具，为产业链上下游协同提供新的平台，有力推动我国工业生产方式由"粗放低效"走向"绿色精益"、生产组织由"分散无序"走向"协同互通"、产业生态由"低端初级"走向"高端完善"，进而逐步破解工业发展难题，推动全产业链产生质的飞跃。通过加快推广工业互联网应用，将使我国工业在全球新一轮产业变革的竞争中突围而出，巩固提升制造大国的竞争优势。

1.4.4　工业互联网是我国制造业转型升级的必由之路

制造业是国民经济的主体，是立国之本、兴国之器、强国之基。自 18 世纪中叶开启工业文明以来，世界强国的兴衰史和中华民族的奋斗史一再证明，没有强大的制造业，就没有国家和民族的强盛。打造具有国际竞争力的制造业，是我国提升综合国力、保障国家安全、建设世界强国的必由之路。

自新中国成立尤其是改革开放以来，我国制造业持续快速发展，建成了

门类齐全、独立完整的产业体系，有力地推动了工业化和现代化进程，显著增强了我国的综合国力，使我国逐步成为全球制造业大国。但我国产业基础相对薄弱，大多数企业仍处于产业链低端，产品附加值不高，竞争力不强，高端工业装备、精密仪器和加工设备依赖进口的局面还没有从根本上改变，大规模复杂工业产品制造、先进产品技术和系统集成与发达国家仍有不小差距。与世界先进水平相比，在自主创新能力、资源利用效率、产业结构水平、信息化程度、质量效益等方面差距明显，转型升级和跨越发展的任务紧迫而艰巨。

制造业在转型升级过程中会产生许多新的需求，如工业数据的爆发式增长需要新的数据管理工具、企业智能化决策需要新的应用创新载体、新型制造模式需要新的业务交互手段，这些都直接推动了制造业转型升级对工业互联网的需求。

同时，新兴中产消费者对制造产品在品质、功能、设计等方面的要求越来越高，不但要满足基本使用价值，而且要有一定的审美、潮流甚至艺术价值，这是一种个性化的消费体验和心理满足，需求侧的改变倒逼供给侧向产品的高品质、个性化、定制化、快速迭代的方向发展。

十九大报告强调，我国一方面要加快发展先进制造业，推动互联网、大数据、人工智能和实体经济深度融合；另一方面要支持传统产业优化升级，促进我国产业迈向全球价值链中高端，培育若干世界级先进制造业集群。

在落实这一系列新发展理念和战略中，我国制造业的转型路径逐渐明晰，即通过推动"机器换人"和建设工业互联网为主要内容的工业自动化、信息化改造来促进生产方式的变革，实现智能制造。智能制造是我国制造业创新发展的主要抓手，是我国制造业转型升级的重要路径，是加快建设制造强国的主攻方向，是推进制造强国战略的主要技术路线。智能制造本质上是数字化、网络化、智能化制造，是先进制造技术与新一代信息技术的深度融合，贯穿于产品、制造、服务全生命周期的各个环节及相应系统的优化集成，需要强大的工业人工智能赋能，需要强大的工业大数据赋能，需要强大的工业互联网赋能。

1.5 工业互联网与"工业4.0"、智能制造的异同辨析

1.5.1 工业互联网与"工业4.0"

德国"工业4.0"是德国政府于2011年提出的产业振兴计划，可以视为

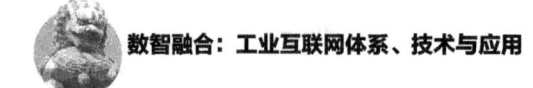

德国版的工业互联网。其战略旨在发挥德国在制造技术和制造装备的传统优势，将制造业和物联网、互联网等技术融合，增强德国制造的竞争力和德国工业产品的持续赢利能力，以保持德国在世界的领先地位。"工业4.0"的本质是基于信息物理系统（CPS）将生产设备、传感器、嵌入式系统、生产管理系统等工厂要素融合成一个智能网络，使得设备与设备，以及服务与服务之间能够互联，通过企业间横向集成、智能工厂网络化纵向集成和价值链端到端集成实现工业领域各类系统的适配，打通系统和设备之间的信息数据，实现面向产品制造流程和供应链的一站式服务。德国"工业4.0"侧重工厂智能化和生产流程的智能化，实现制造业互联网化的内在逻辑是借助标准化的"智能工厂"，利用"智能设备"以网络协同的"智能生产"模式将"智能物料"生产成为"智能产品"，提高生产效率，缩短生产周期，降低生产成本。它的典型特征是融合性和革命性，是新一代信息技术与工业化深度融合的产物，推动虚拟和物理世界深度融合；是一种新的生产方式，推动传统大规模批量生产向大规模定制生产转变。

1. 工业互联网与工业4.0的相似之处

（1）从推动力量上看，二者都体现了由头部企业主导的产学研用深度联合。

工业4.0是由德国工程院、弗劳恩霍夫协会、博世公司、西门子公司等联合发起的，并由德国政府纳入"高技术战略2020"，已上升为国家级战略，成为德国国家十大未来项目之一。工业互联网则是由美国通用电气公司发起的，并由AT&T、思科、通用电气、IBM和英特尔成立的工业互联网联盟进行推广。由于两大战略都是由企业提出的，企业具有内在动力去宣传、推广和实施，并且在推行过程中得到了产业界的认可与欢迎，市场亲和度较高。同时，这也反映出企业对创新活动的热情和对产业未来方向的深刻把握，启示我们工业转型升级发展，需要激发企业的创新创业热情，充分调动企业及各方面的积极性，并注重引导和支持企业开展产学研用合作，共同推进产业和技术的进步。

（2）从发展目标上看，都将打造智能化的产业体系和实现生产效率提升作为两大战略的核心。

数字化、网络化和智能化已经成为制造业发展的重要特征，是制造业企业未来发展的主线。工业互联网和"工业4.0"战略都不谋而合地提出，利

用信息化、智能化技术改革当前的生产制造与服务模式，提高企业的生产效率，提升产品和服务的市场竞争力。其中，"工业4.0"战略提出，要把信息互联技术与传统工业制造相结合，打造"智能工厂"与"智能生产"，以提高资源利用率；工业互联网战略则提出，要将工业与互联网在设计、研发、制造、营销、服务等各个阶段进行充分融合，以提高整个系统的运行效率。

3）从实现方式上看，依托互联网、物联网与大数据实现集成与互联是两大战略的基础。

互联与集成是实现智能化制造的两大核心，两大战略都是以互联网和物联网为基础，进行实时数据的收集、传输、处理、分析和反馈。其中，"工业4.0"提出，通过信息网络与工业生产系统的充分融合，打造数字工厂，通过企业间的横向集成、网络化制造系统的纵向集成和价值链端到端的工程数字化集成，来改变当前的工业生产与服务模式；工业互联网则提出，要将人、机、料、法、环连接起来，从中提取数据并进行分析，挖掘生产或服务系统在性能提高、品质提升等方面的潜力，实现系统资源效率的提升与优化。

2. 工业互联网与"工业4.0"的不同点

从产业链环节上看，"工业4.0"立足于"智能工厂"与"CPS"两大主题，偏重于生产与制造过程，旨在推进生产或服务模式由传统模式向智能化转变，实现高度灵活的个性化和数字化生产或服务；工业互联网旨在形成开放且全球化的工业网络，实现通信、控制和计算的集合，在智能制造产业体系中偏重于设计、服务环节，注重物联网、互联网、大数据等对生产设备管理与服务性能的改善。

从发展重点上看，"工业4.0"强调生产过程的智能化，倡导以CPS为核心，将产品与生产设备之间、工厂与工厂之间横向集成，实现生产系统的有机整合，进而实现生产过程的智能化与效率提升。工业互联网强调生产设备的智能化，立足于全行业的信息资源，提高设备安全性、可靠性，降低能耗、物耗与维护费用等，同时，可以减少生产过程中的人力劳动需求，提高生产过程的柔性与智能化水平。

1.5.2 工业互联网与智能制造

智能制造是基于新一代信息通信技术与先进制造技术深度融合，贯穿于设计、生产、管理、服务等制造活动的各个环节，具有自感知、自学习、自决策、自执行、自适应等功能的新型生产方式,是当前新一轮产业变革的核心驱动和战略焦点。智能制造具有四大特征,即以智能工厂为载体、以生产关键制造环节智能化为核心、以端到端数据流为基础、以全面深度互联为支撑。智能制造能够实现高效信息传递、大数据分析决策、生产线智能控制等,促进制造业全生命周期向优质、高效、绿色、个性等目标优化,将对产业发展和分工格局带来深刻影响,推动形成新的生产方式、产业形态和商业模式,不仅是制造业转型升级实现制造强国的主攻方向,也是实施"再工业化"战略的关键举措。

1. 工业互联网与智能制造的相似之处

智能制造与工业互联网有着紧密的联系,智能制造的实现主要依托两方面基础能力,一方面是工业制造技术,另一方面是工业互联网。工业制造技术是决定制造边界与制造能力的根本,包括先进装备、先进材料和先进工艺等;工业互联网是充分发挥工业装备、工艺和材料潜能,提高生产效率、优化资源配置效率、创造差异化产品和实现服务增值的关键,包括智能传感控制软硬件、新型工业网络、工业大数据平台等综合信息技术要素。智能制造是工业互联网的关键应用;工业互联网是实现智能制造的关键使能技术,它通过实现工业设备、资源与能力的接入、调度与协同,驱动制造活动的智能化实施。

(1)智能制造依赖工业互联网实现工业全要素互联互通。

工业互联网以智能制造为主攻方向,是实现智能制造的关键综合信息基础设施和路径。工业互联网将机器、原材料、控制系统、信息系统、产品和人进行有效连接,通过对工业数据全面深度感知、实时动态传输交换、快速计算处理,以及高级建模分析,形成智能决策与控制,驱动制造业的智能化。在工业互联网四大要素中,网络是基础,平台是中枢,数据是要素,安全是保障。基于网络连接与协同的实时传输、高效的数据分析结果,在安全可信的前提下,工业互联网支撑实现从单个机器到生产线、车间、工厂乃至整个工业体系的智能决策和动态优化。

智能制造通过工业互联网将无处不在的传感器、嵌入式终端系统、智能控制系统、通信设施等通过信息物理系统形成一个智能网络,使人与人、人与机器、机器与机器,以及服务与服务之间能够智能互联,实现了关键制造环节和工厂的设备、系统、数据的集成优化,以及制造流程与业务数字化管

控的智能化制造模式。因此，工业互联网成为支撑智能制造实现工业要素互联互通的核心技术。

（2）智能制造依托工业互联网建立工控网络与支撑平台。

智能制造是信息化和工业化深度融合的主攻方向，是适应新一轮科技革命和产业变革的必然要求。实施智能制造离不开工业互联网这一关键基础设施的支撑。

构建能够实现关键制造环节与工厂的设备、系统和数据的集成优化，以及制造流程与业务数字化管控的智能制造系统，必须解决两方面问题：一是工厂内各类设备、产线等制造单元的网络化互联；二是集成接入各类能够为上层智能制造应用所动态调用的制造资源与能力服务。工业互联网则在智能制造系统中扮演了工控网络与支撑平台等基础设施的角色。

（3）智能制造依靠工业互联网实现工厂内部智能化运行。

智能制造是"两化融合"的延伸，是工业互联网的关键应用模式，需要基于信息技术构建网络或平台，需要通过运用互联网技术推动并实现制造业的转型升级。

智能制造是智能化制造过程、系统与模式的总称，通常局限于企业内部，可以在一台设备、一条生产线、一个车间，或者一个企业内部实现，需要通过工业互联网来实现分布、异构的人机物各类工业要素的互联互通与优化运行。智能制造的核心业务目标是依靠工业互联网，实现工厂内部的智能化运行。

2. 工业互联网与智能制造的不同点

智能制造更强调制造过程的智能化，是由 AI 和机器共同组成的人机一体化智能系统，它在制造过程中能进行智能活动，通过人与智能机器的合作共事，去扩大、延伸和部分地取代人类专家在制造过程中的脑力劳动。实现智能制造是一个长期的过程，一般来说需要先实现制造的自动化、信息化，再借助数字化和网络化，最终实现智能化。

工业互联网则贯穿于研、产、供、销、服全过程，工业互联网使得海量数据的信息采集、传递、集成、挖掘成为可能。通过对市场用户的数据收集，优化制造产业链过程，最大限度地提升生产能力和效率，提高生产的灵活性和质量水平。

参考文献

[1] 中国电子信息产业发展研究院. 工业互联网创新实践[M]. 杨春立，孙会峰，主编. 北京：电子工业出版社，2019.

[2] 魏毅寅，柴旭东. 工业互联网：技术与实践[M]. 第 2 版. 北京：电子工业出版社，2021.

[3] 本书编写组. 工业互联网[M]. 北京：党建读物出版社，2021.

[4] 张忠平，刘廉如. 工业互联网导论[M]. 北京：科学出版社，2021.

第 2 章
工业互联网网络

2.1 工业互联网网络概述

2.1.1 概念模型

工业互联网是实现人、机、物、系统等产业全要素连接，促进互联网、大数据、人工智能与实体经济深度融合的应用模式。根据工业互联网的网络基础要素及其相互间的互联关系，可以将整个工业互联网系统用一个高度抽象化的网络模型进行描述，如图 2.1 所示。根据业务需求和数据流向，工业互联网网络可进一步划分为工厂内网和工厂外网。

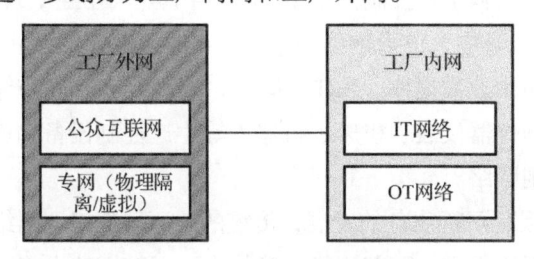

图 2.1 工业互联网网络概念模型

2.1.2 工厂外网

工厂外网是以支撑工业全生命周期各项活动为目的，以高性能、低时延、安全可靠、灵活组网为要求的网络。工厂外网主要用于企业工厂、分支机构、上下游协作单位、工业云平台、智能产品与用户等主体间的广泛互联，包括公众互联网和专网（物理隔离/虚拟）两种形态。

公众互联网用于提供互联网接入服务，是目前使用最普遍的工厂外网形态之一。通过公众互联网，企业之间可以进行电子商务合作、用户与产品的信息交互等。公众互联网接入简单、成本低廉，但缺乏服务质量保证，仅可用于对安全性和时延要求不高的业务流。

专网是指在一些行业、部门或单位内部建设的，为满足其进行组织管理、安全生产、调度指挥等需求的通信网络。专网中的虚拟专用网（VPN，Virtual Private Network）是基于公共物理网络架设的逻辑隔离的专网，主要为同一企业分支机构间提供网络互联业务，如企业员工在外地可以通过 VPN 访问公司内部系统网络。物理隔离的专网指独占物理资源的私有服务网络。物理隔离的网络均有独立的通信通道，其目的是保护各个网络的硬件实体和通信链路免受自然灾害、人为破坏和搭线窃听攻击。

目前，工厂外网服务呈现普遍化、精细化、灵活化的发展趋势，随着 5G、NFV、SDN、切片等移动通信技术的应用，工业企业的高质量外网正向着低时延、高可靠性、广覆盖发展，未来企业实现广泛互联的方式将拥有更多的选择。

2.1.3 工厂内网

工厂内网是指在工厂或园区内部，用于实现生产、办公、管理、安防等的网络通信系统。当前，工厂内网络总体呈现"两层三级"的架构，即信息网络（IT 网络）层和工业控制网络（OT 网络）层"两层"，现场级、车间级、工厂级"三级"。其中，信息网络用于生产要素互联，以及企业 IT 管理系统之间的连接，如企业数据库、ERP、MES，以及办公、安防等；工业控制网络用于工业现场仪器仪表、机床、机器人等生产控制设备的连接。本书将重点介绍工业控制网络。

由于工业互联网新业务的发展，传统的"两层三级"网络架构将无法满足更高效率的通信需求，随着边缘计算技术、大数据技术等网络和计算机技术的发展，车间级和现场级相融合、OT 和 IT 系统间相互协同的应用场景越来越多。因此，OT 网络和 IT 网络也呈现出扁平化组网、融合发展、放开兼容的趋势。

OT 网络起源于现场总线技术，国际电工委员会（International Electrotechnical Commission，IEC）将其定义为"一种用于与工业控制和仪表设备（包括但不限于传感器、执行器和本地控制器等）通信的数字、串行、多点数据总线"。工业控制网络是 3C 技术，即计算机、通信和控制（Computer，

Communication and Control）发展汇集成的结合点，是信息技术、数字化、智能化网络发展到现场的结果。其主要分类如图 2.2 所示。

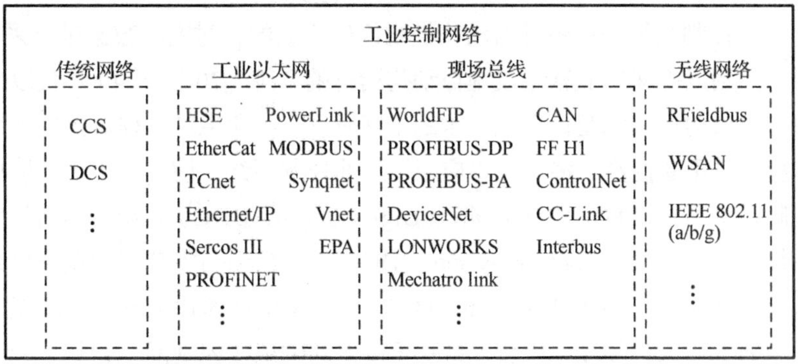

```
工业控制网络
┌─────────┬──────────────────┬──────────────────┬──────────────┐
│ 传统网络 │   工业以太网     │    现场总线      │   无线网络   │
│  CCS    │ HSE   PowerLink │ WorldFIP   CAN   │ RFieldbus    │
│  DCS    │ EtherCat MODBUS │ PROFIBUS-DP FF H1│ WSAN         │
│  ⋮      │ TCnet  Synqnet  │ PROFIBUS-PA      │ ControlNet   │
│         │ Ethernet/IP Vnet│ DeviceNet CC-Link│ IEEE 802.11  │
│         │ Sercos III  EPA │ LONWORKS Interbus│ (a/b/g)      │
│         │ PROFINET        │ Mechatro link    │ ⋮            │
│         │ ⋮               │ ⋮                │              │
└─────────┴──────────────────┴──────────────────┴──────────────┘
```

图 2.2 工业控制网络的主要分类

工业控制网络是应用于自动化领域，涉及局域网、广域网、分布式计算等多方面技术的集成网络。作为工业互联网的一部分，工业控制网络由通信节点、通信网络和通信协议组成，用于传递生产、加工及制造过程中的实时数据流，是工业企业实现分布式网络化控制的必要基础。工业控制网络与传统商用网络的对比见表 2.1。

表 2.1 工业控制网络与传统商用网络的对比

	工业控制网络	传统商用网络
主要功能	工作站、PLC、变送器、阀门等物理设备控制	文件、图像、话音等数据处理与传输
应用领域	制造、加工、配电等	企业及家庭环境
层次结构	具有多种协议和物理标准的深度、功能分离的层次结构	具有统一协议和物理标准的集成层次结构
容错性	高	低
可靠性	高	低
往返时延	250μs～10ms	50ms 以上
确定性	高	低
数据结构	周期性和非周期性流量的小数据包	大的、非周期数据包
时间一致性	需要	不需要
操作环境	恶劣的环境，通常具有高水平的灰尘、热量和振动	普通办公场合，对环境要求较高

2.2 工业控制系统

工业控制系统是由各种自动化控制组件组成的，对实时数据进行采集、监测、控制以确保工业基础设施自动化运行的系统。20 世纪 40 年代以来，随着工业自动化技术及计算机技术的不断发展，工业生产过程对控制系统的技术要求也不断提高，多种技术应用于工业控制系统，使其经历了从模拟仪表控制系统到直接数字控制（Direct Digit Control，DDC）系统，再到集散控制系统（Distributed Control System，DCS），最后到当下流行的现场总线控制系统（Fieldbus Control System，FCS）的过程。随着以太网技术和无线技术延伸到工业控制领域，目前大量基于以太网的工业控制网络和基于无线的工业控制网络也已成为研究的热点。

2.2.1 模拟仪表控制系统

从 20 世纪 50 年代开始，随着工业生产规模的不断扩大，传统的仅具备简单测控功能的仪表已无法满足生产需求，工厂生产管理人员迫切需要一种能掌握多点运行参数与信息的控制系统来对生产过程进行控制。因此，出现了气动、电动系统的单元组合式仪表，这些仪表设备支持 1～5V 或 4～20mA 的直流模拟信号传递，形成了模拟仪表控制系统。图 2.3 所示为模拟仪表控制系统的结构框图。

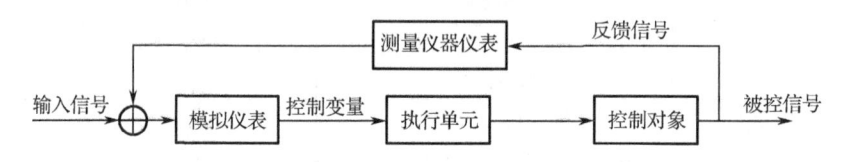

图 2.3　模拟仪表控制系统的结构框图

模拟仪表控制系统通过采集现场仪表和自动化设备提供的模拟信号，将其统一送往集中控制室的控制盘上供管理人员检查。模拟信号的传输缺点在于需要一对一的物理连接，信号变化缓慢，信号的传输速度和精度都较低，在传输过程中易受电磁干扰，传输距离也很有限。

2.2.2 直接数字控制系统

随着计算机技术的发展，从 20 世纪 60 年代起，人们开始采用计算机来代替模拟仪表完成控制功能。用一台计算机对被控参数进行检测，根据设定值和控制算法进行运算，并输出到执行机构进行控制，使被控参数稳定在给定值上。计算机的分时处理功能直接对多个控制回路进行多种形式的控制，即形成了直接数字控制（Direct Digit Control，DDC）系统。如图 2.4 所示为计算机控制的直接数字控制系统结构框图。

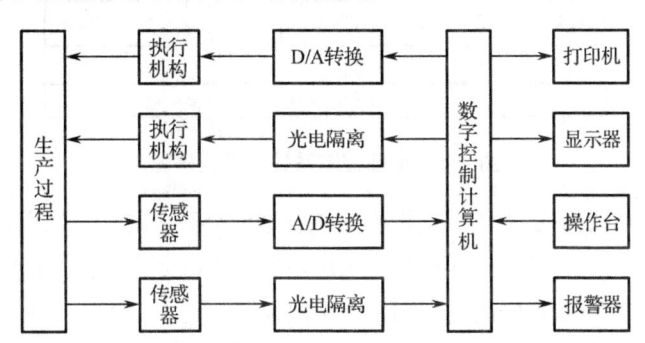

图 2.4　计算机控制的直接数字控制系统结构框图

直接数字控制系统由被控对象、检测仪表（传感器或变送器）、执行器（电动或气动阀）和工业控制机组成。工业控制机是直接数字控制系统的核心，它由工业计算机、过程输入输出设备、人机接口和外部设备组成。

直接数字控制系统的计算机输入和输出均为数字信号，它将来自传感器或变送器的被控量信号（4～20mA）转换成数字信号进行传输，可以延长通信距离，提高信号的精度和传输速度。而且由于计算机运算速度快，可以分时处理多个控制回路，不仅可以实现简单的单闭环控制回路，而且可以实现复杂的控制回路，如前馈控制、串级控制、选择性控制、时延补偿控制和解耦控制等，使自动控制更加可靠。不过，由于当时计算机技术的限制，中心计算机并不可靠，一旦中心计算机出现故障，就会导致整个系统瘫痪。

2.2.3　集散控制系统

为了改进直接数字控制系统的不足，20 世纪 70 年代，集散控制系统（DCS）的概念被提出，把控制功能分布在不同的计算机中完成，采用通信技术实现各部分之间的联系和协调。图 2.5 所示为集散控制系统的结构框图。

```
                  ┌──────────┐
                  │ 管理计算机 │
                  └────┬─────┘
                       ↕
                  ┌──────────┐      ┌────────┐
                  │ 监控计算机 │      │ 操作站  │
                  └────┬─────┘      └───┬────┘
                       ↕   数据通道      ↕
      ═════════════════╪════════════════╪═════════════════
              ↕              ↕                    ↕
       ┌──────────┐   ┌──────────┐          ┌──────────┐
       │现场控制单元│   │现场控制单元│   ...    │现场控制单元│
       └────┬─────┘   └────┬─────┘          └────┬─────┘
            ↕              ↕                    ↕
       ┌─────────────────────────────────────────────┐
       │              工业过程现场                    │
       └─────────────────────────────────────────────┘
```

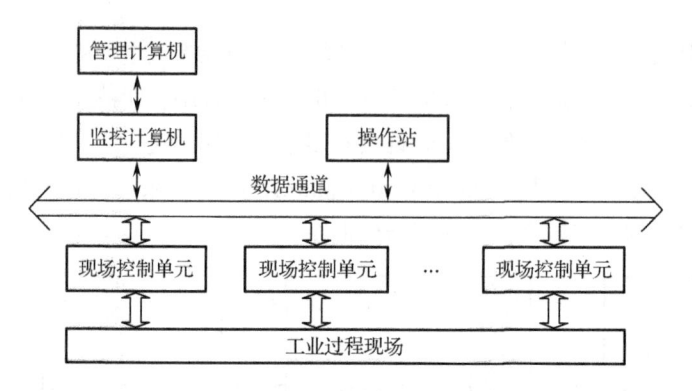

图 2.5　集散控制系统的结构框图

集散控制系统是由集中式控制系统发展演变而来的，它采用控制分散、操作和管理集中的基本设计思想，采用多层分级、合作自治的结构形式，实现多样化的控制策略以满足不同情况下的需要，已在电力、冶金、石化等行业获得了极其广泛的应用。

集散控制系统的硬件构架由过程控制级（现场控制单元）和过程管理级（操作站）两部分组成。现场控制单元包括过程控制单元、现场控制站、过程接口单元等，一般安装在远离控制中心、靠近现场的地方，由许多功能分散的插件（或称卡件，如主机插件、电源插件、I/O 插件、通信插件等）按照一定的逻辑或物理顺序安装在插板箱中。现场控制单元之间及其与操作站之间采用总线连接，以实现信息交互。

操作站是人机交互的接口，用来显示和记录来自现场控制单元的过程数据。典型的操作站包括主机系统、显示设备、输入设备、存储设备和打印输出设备等，用于实现强大的显示、报警、操作、报表打印、组态和编程功能等。

2.2.4　现场总线控制系统

集散控制系统（DCS）虽然实现了从模拟量到数字化的集中控制，但现场仪表和现场控制站之间的信息和数据仍采用 4～20mA 的模拟信号，现场仪表的功能远远没有发挥出来。随着智能芯片技术的发展成熟，在 20 世纪 80 年代末产生了以微处理器为核心的智能设备，在此基础之上诞生了现场总线（Fieldbus）技术，用于过程自动化、制造自动化、楼宇自动化等领域的现场智能设备互联通信，它不仅是一种数字通信协议，而且还是一种开放式、全分布式的控制系统。

现场总线控制系统的结构框图如图 2.6 所示，它采用了公开化、标准化的解决方案，通过标准的通信接口将执行器、传感器及变送器等现场设备直接连接到现场总线上，通过一根总线电缆传递所有数据信号，突破了集散控制系统采用通信专用网络的局限，同时采用新型全分布式结构，把控制功能彻底下放到现场，实现自下而上的全数字化通信。

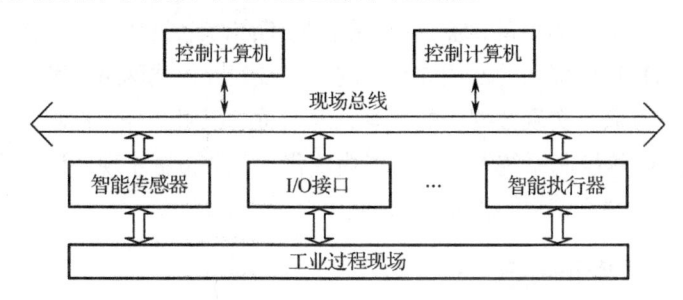

图 2.6　现场总线控制系统的结构框图

现场总线控制系统是一个"全分散""全数字"的系统架构，它具有以下特征。

（1）全数字化通信——现场控制设备和现场信号全部采用数字化通信。

（2）开放型的互联网络——可以与任何遵守相同标准的其他设备或系统相连。

（3）互可操作性与互用性——允许来自不同制造厂的现场设备之间互相通信、统一组态，允许不同生产厂家性能类似的设备之间进行互换互用。

（4）现场设备的智能化——总线仪表除能实现基本功能外，往往还具有很强的数据处理、状态分析及故障自诊断等功能。

（5）系统架构的高度分散性——把传统控制站的功能模块化并分配给各类现场仪表，构成一种全分布式体系结构。

2.3　现场总线

2.3.1　定义

1984 年 IEC 对现场总线（Fieldbus）的定义为：现场总线是一种应用于消费现场，在现场设备之间、现场设备和控制装置之间实行双向、串行、多节点的数字通信技术。

不同的机构和不同的人可能对现场总线有着不同的定义，但通常情况下，大家公认现场总线的本质特点包括以下几方面：现场总线用于过程自动化和制造自动化的现场设备或现场仪表的互联；相较于传统控制系统采用模拟信号的方式，现场总线采用全数字通信，它的抗干扰能力、鲁棒性和传输精度都更高；现场总线采用总线、星形、树状等多分支结构，安装维护相对方便且具有扩展性；现场总线是开放的协议，可以兼容不同厂商生产的符合同一现场总线协议的设备，统一组态和协同工作；现场总线采用通信线供电，有利于低功耗现场仪表的本质安全；现场总线为开放式网络，可与同层或不同层的网络互联，实现数据库的共享；现场总线采用全分散控制，将传统的 DCS 和 PLC 等控制系统的控制功能模块化，分散布置于现场设备中，简化了系统结构，提高了自治性和灵活性。

2.3.2 发展现状

现场总线技术起源于欧洲，目前以欧洲、美国、日本地区最为发达。由于各个国家和公司的利益之争，很多公司都推出了各自的现场总线技术，但彼此的开放性和互操作性还难以统一，虽然早在 1984 年国际电工委员会（IEC）/国际标准协会（International Standards Association，ISA）就着手制定现场总线的标准，但至今仍未形成统一的标准。目前现场总线正朝两个方向发展，分别是：寻求统一的现场总线国际标准；工业以太网走向工业控制网络。

美国仪表学会在 1984 年最早开始制定 ISA/SP50 现场总线标准，之后随着现场总线产品的不断成熟和丰富，由企业集团和标准化组织制定的行业标准陆续出现。据统计，世界上已出现过的总线种类有近 200 种，但经过近 20 年的竞争和淘汰，目前仅有 40 余种存在，如法国的 FIP、英国的 ERA、德国 Siemens 公司的 PROFIBUS，Phenix Contact 公司的 INTERBUS，Rober Bosch 公司的 CAN，挪威的 FINT，美国 Echelon 公司的 LONWORKS，Rosemount 公司的 HART，丹麦 Process Data 公司的 P-N，Carlo Garazzi 公司的 DUPLINE，Peter Hans 公司的 F-MUX，以及 ASI、MODBUS、SDS、ARCNet、Field Bus Foundation（FF）、WORLDFIP、BITBUS 等。这些现场总线中竞争力较强的不到 10 种，占据了约 80%的市场，且不同的现场总线占据着不同的应用领域。例如，石油、化工、金属制造领域广泛应用的是 FF、PROFIBUS-PA，楼宇、交通、农业领域流行的是 LONWORKS、PROFIBUS-FMS 和 DeviceNet，汽车行业主流的总线是 CAN、LIN、FLEXRAY 和 MOST。

各种现场总线之间的竞争非常剧烈，要么通过成为国家或地区标准（如 WorldFIP 已成为法国标准），要么通过成立相应的国际组织（如 PROFIBUS 以 Siemens 公司为主要支持，并成立了 PROFIBUS 国际用户组织），都力图扩大自己的应用范围。工业自动控制系统应用于各个领域，要求不尽相同，一种现场总线往往很难满足所有领域的需求，因此在未来的一段时间内，市场上将继续维持多种现场总线相互竞争、并存发展的状态。

2.3.3 现场总线国际标准

标准化是实现技术大规模扩散的重要保证，是规范全球市场秩序、统一全球市场供应链的重要手段。一般的产品在国内或国际上基本只有一种标准，而正如前文所述，现场总线自诞生起就未形成统一标准，在一些大公司追求自身利益的驱使下，现场总线呈现"百家争鸣"的态势，导致现在工业控制网络多种国际标准并存的局面。目前，市场上的产品采用的标准一般有以下几种。

1. ISO 11898

从 1993 年第一版 CAN 国际标准（ISO 11898:1993 和 ISO 11519-2）发布至今，ISO 11898 逐渐被分割整合成了相互独立的 6 个部分。在 2003 年之前的旧版本中，ISO 11898 规范了通信速率为 5kbps～1Mbps 的 CAN 通信标准；ISO 11519 规范了通信速率为 125kbps 以下的 CAN 低速通信标准，也就是容错 CAN（LSFT CAN）标准。

后来，ISO 11898 标准的数据链路和高速物理层部分被分离为 ISO 11898-1 和 ISO 11898-2 两部分。在 2016 年，ISO 又经历了一次整合，被分为 Part1～Part6，分别对数据链路层以及物理层、高速物理媒体附属层、低速容错物理媒体附属层、时间触发通信、低功耗的物理媒体附属层、选择性唤醒的物理媒体附属层进行规范和说明。

2. IEC 61158

IEC 61158 是 IEC 的现场总线标准，也是制订时间最长、投票次数最多、意见分歧最大的国际标准之一。到目前为止，IEC 61158 共产生了 4 个不同的版本，最新版本为 2007 年发布的 IEC 61158 Ed.4，总共有 20 种现场总线加入该标准，如表 2.2 所示。

表 2.2　IEC 61158 Ed.4（第四版）现场总线类型

类　型	技　术　名　称	类　型	技　术　名　称
Type1	TS61158 现场总线	Type11	TCNET 实时以太网
Type2	CIP 现场总线	Type12	EtherCat 实时以太网
Type3	PROFIBUS 现场总线	Type13	Ethernet Powerlink 实时以太网
Type4	P-N 现场总线	Type14	EPA 实时以太网
Type5	FF HSE 高速以太网	Type15	MODBUS-RTPS 实时以太网
Type6	SWIFTNET（被撤销）	Type16	SERCOS Ⅰ、Ⅱ 现场总线
Type7	WorldFIP 现场总线	Type17	VNET/IP 实时以太网
Type8	INTERBUS 现场总线	Type18	CC-Link 现场总线
Type9	FF H1 现场总线	Type19	SERCOS Ⅲ 实时以太网
Type10	PROFINET 实时以太网	Type20	HART 现场总线

IEC 61158 采纳多种现场总线是各大团体技术和利益相争的结果，并且目前尚没有一种现场总线在所有应用领域上都是技术最优的。

3. IEC 62026

IEC 62026 为低压开关设备和控制设备的现场总线（设备层现场总线）国际标准。该标准共有 7 个部分，其中第 4、第 5 和第 6 部分已作废，现行的部分包括：IEC 62026-1-2007（第 1 部分：总则）；IEC 62026-2-2008［第 2 部分：执行器传感器接口（AS-i）］；IEC 62026-3-2008（第 3 部分：DeviceNet）；IEC 62026-7-2010（第 7 部分：混合网络）。

2.4　常用工业现场总线介绍

2.4.1　基金会现场总线（FF）

基金会现场总线（Foundation Fieldbus，FF）是由 FieldComm 集团开发和管理的，在工厂或工业自动化环境中充当基础级网络的一种全数字、串行、双向通信系统。基金会现场总线是由国际自动化学会（ISA，简称 SP50）经过多年开发而成的，它最初是用来替代 4-20mA 标准的，如今已发展到和其他技术（如 MODBUS、PROFIBUS 和工业以太网）共存的状态。基金会现场总线在许多过程自动化领域中均有应用，如炼油、石化、发电，甚至食品饮料、制药和核应用等领域。

基金会现场总线的网络结构如图 2.7 所示,目前有 HSE 和 H1 两个规格,分别被纳入 IEC 现场总线标准 IEC 61158 的类型 5(Type5)和类型 9(Type9)。H1 的运行速率为 31.25kbps,通常用于连接现场设备和主机系统,它通过标准双绞线为传统应用和本质安全应用提供通信与供电,是目前最常见的实现方式;HSE 的工作速率为 100Mbps/1000Mbps,一般连接输入/输出子系统、主机系统、连接设备和网关,目前它还不能通过电缆供电。

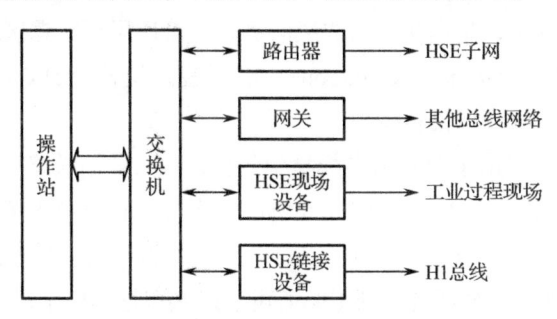

图 2.7　基金会现场总线的网络结构

基金会现场总线以 ISO 开放系统互连(OSI)参考模型为基础,取其物理层、数据链路层、应用层为 FF 通信模型的相应层次,并增加了用户层作为补充。其中,物理层规定编码信号与物理信号的转换方式;数据链路层规定确定信息的传输,批准设备间数据的交换;应用层规定了数据、命令、事件信息中的信息格式与服务,同时对用户命令进行编码和解码;用户层则定义应用程序各模块(如资源模块、转换模块、系统管理模块)的应用过程。

基金会现场总线(FF)的突出特点在于设备的互操作性、精确的过程数据,以及更早的预测性维护。目前,Honeywell、Ronan 等公司已开发出实现物理层和部分数据链路层协议的专用芯片,一些仪表公司也开发出了符合 FF 协议的产品。在国内,国家电力公司热工研究院汽轮机热力性能试验装改造是国内第一个在电力系统中采用基于 FF 的 FCS 应用项目,而一些仪表研究所及高等院校也陆续开展了 FF 的研究工作。

2.4.2　PROFIBUS

PROFIBUS(Process Field Bus)是一种面向全球、独立于设备生产商的开放型现场总线标准,它于 1987 年由德国西门子公司联合 14 家公司及 5 个研究机构制定。PROFIBUS 在 1993 年成为德国工业标准 DIN 19245,在 1996 年成为欧洲标准 EN 50170 V.2,以及现场总线国际标准 IEC 61158/IEC 61784

的组成部分（TYPE 3）。在 2006 年，PROFIBUS 也成为中华人民共和国的国家标准 GB/T 20540—2006。

目前在使用的 PROFIBUS 有两种形式，分别是 PROFIBUS DP（Decentralized Peripherals，分布式周边）和 PROFIBUS PA（Process Automation，过程自动化）。前者应用于工厂自动化，可以由中央控制器控制多个传感器及制动器，也可以利用诊断机制获取各模块的状态；后者应用在过程自动化系统中，是本质安全的通信协议，可适用于防爆区域（工业防爆危险区分类中的 Ex-zone 0 及 Ex-zone 1），其物理层符合 IEC 61158-2 标准，并允许通信缆线给现场设备供电。

PROFIBUS 采用了 OSI 参考模型中的物理层、数据链路层和应用层。在物理层，PROFIBUS DP 采用 RS-485 协议，传输介质一般选择双绞线或者光缆，传输速率为 9.6～12kbps，在传输速率为 12kbps 时，传输距离能够达到 100m，并且能够用中继器延长到 10km，可以连接多达 127 个从站；PROFIBUS PA 采用 IEC 1158-2 协议，传输介质一般为双绞线，传输速率为 31.25kbps，使用中继器最多可带 126 个从站。数据链路层用于介质存取及控制传输，主要作用为建立、维持，以及撤出数据链路的连接，以实现无差错的数据传输功能。它有两种通信机制：主站和主站之间直接采用令牌环传递通信机制；主站与多个从站之间采用分时轮询机制直接通信。PROFIBUS DP 的应用层具体描述了用户及系统与各种设备之间可以调用的功能，以及 DP 的各种行规和扩展功能，通过处于应用层的直接数据链路映射（DDLM），可以把在用户层接口中传递的功能一一映射到现场总线数据链路层（FDL）和现场总线管理（FMA）服务。图 2.8 所示为 PROFIBUS 工业控制网络的结构组成。

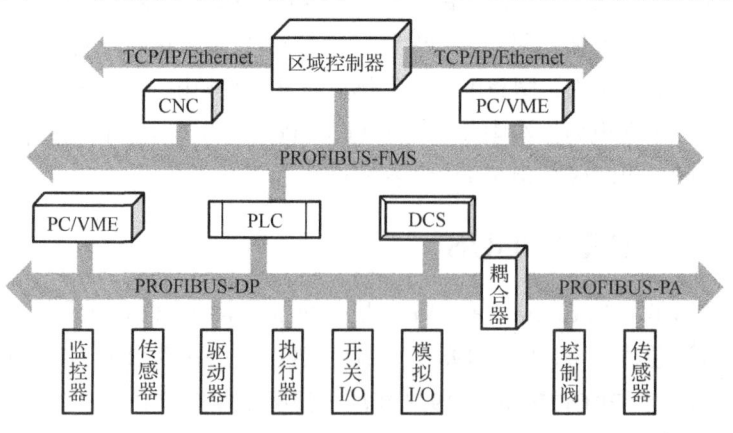

图 2.8 PROFIBUS 工业控制网络的结构组成

2.4.3 CIP

通用工业协议（Common Industrial Protocol，CIP）由 ODVA（Open DeviceNet Vendor Association）和 CI（ControlNet International）两大工业网络组织共同推出，它为采用不同物理层和数据链路层的各层网络提供了统一的应用层协议标准，使得各层网络可以在应用层实现无缝连接，主要用于组织和表示数据、管理连接和促进网络上的消息传递。CIP 被 DeviceNet、ControlNet 和 EtherNet/IP 三种网络采用，统称为 CIP 网络。图 2.9 所示为 CIP 网络的结构。

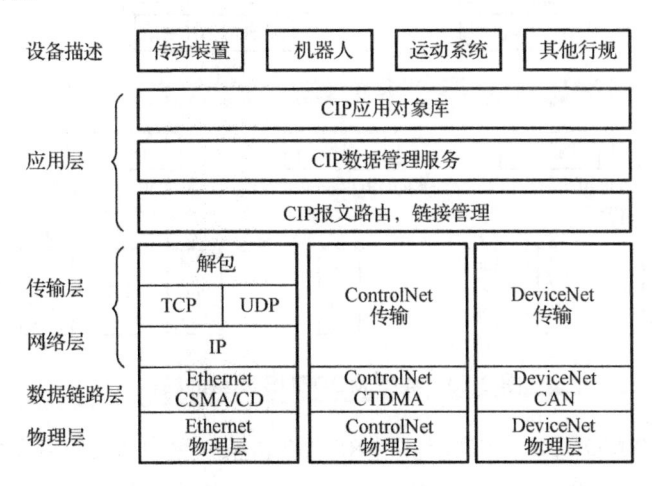

设备描述	传动装置	机器人	运动系统	其他行规
应用层	CIP应用对象库			
	CIP数据管理服务			
	CIP报文路由，链接管理			
传输层	解包	ControlNet 传输	DeviceNet 传输	
	TCP / UDP			
网络层	IP			
数据链路层	Ethernet CSMA/CD	ControlNet CTDMA	DeviceNet CAN	
物理层	Ethernet 物理层	ControlNet 物理层	DeviceNet 物理层	

图 2.9 CIP 网络的结构

CIP 是一个面向对象的协议：使用对象模型（Object Model）来描述节点。它定义了多达 46 个对象类（Object Class），这些对象类被分成 3 种，即通用对象类、与应用相关的对象类和与网络相关的对象类。每个对象都有属性（数据）、服务（命令）、连接和行为（对事件的反应），对象库支持许多常见的自动化设备和功能，如模拟和数字 I/O、阀门、运动系统、传感器和执行器。

CIP 功能强大、灵活性强，具有良好的实时性、确定性、可重复性和可靠性。CIP 与以太网技术相结合，形成了工业以太网标准协议——EtherNet/IP，其物理层和数据链路层采用以太网的物理层和载波侦听/碰撞检测（CSMA/CD）协议，网络层采用 IP，传输层采用 TCP/UDP，应用层的 CIP 报文通过封装技术嵌入 TCP/UDP 容器。

2.4.4 MODBUS

MODBUS 是 Modicon（现为施耐德电气）于 1979 年发布的一种用于可编程逻辑控制器（PLC）的数据通信协议，是全球第一个真正用于工业现场的总线协议。与其他标准相比，除数据包的大小外，MODBUS 对传输的数据格式几乎没有限制，因此相对容易部署和维护。该协议允许控制器之间、控制器经由网络（如以太网）和其他设备之间相互通信。图 2.10 所示为典型 MODBUS 网络的结构。

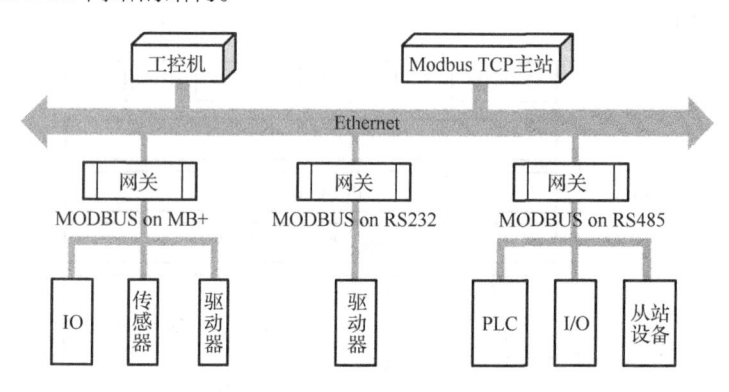

图 2.10 典型 MODBUS 网络的结构

标准的 MODBUS 物理层使用 RS-232 协议，远距离通信可以用 RS-422 或者 RS-485 来代替。控制器之间通信使用主-从技术，即仅有一个主设备（如主机和可编程仪表）能初始化传输（查询），从设备（如可编程控制器）根据主设备查询提供的数据做出反应。在其他网络上，控制器使用对等技术通信，任何控制器都能发起和其他控制器的通信。

MODBUS 协议规定了消息和数据的结构，以及命令和应答的方式，具有两种通信模式：ASCII 模式和 RTU（远程终端单元）模式。ASCII 模式将一个字节分为两个 ASCII 字符发送；而 RTU 模式以十六进制传送数据，因此数据传送的效率较高，大多数工业控制器采用 RTU 模式。在同一个网络中，无论是主机还是从机，都必须采用相同的通信模式及传输速率。目前，MODBUS 协议常用的传输速率为 1200～19200bps。

2.4.5 CAN 总线

"CAN"是控制器局域网（Controller Area Network）的英文缩写，由以

研发和生产汽车电子产品著称的德国 BOSCH 公司开发,于 1986 年在密歇根州底特律举行的汽车工程师协会(SAE)会议上正式发布。1993 年,国际标准化组织(ISO)发布了 CAN 标准 ISO 11898,该标准后来被重组为两部分:ISO 11898-1 覆盖数据链路层,ISO 11898-2 规范高速 CAN 的物理层。随后 ISO 11898-3 发布,涵盖了低速、容错 CAN 的物理层。

CAN 总线是国际上应用最广泛的现场总线之一,与一般的通信总线相比,CAN 总线的数据通信具有突出的可靠性、实时性和灵活性,它在汽车领域中的应用是最广泛的。由于其良好的性能及独特的设计,目前 CAN 总线越来越受到人们的重视,它在自动控制、航空航天、机械工业、纺织机械、农用机械、机器人、数控机床、医疗器械及传感器等领域的应用也越来越广泛,已成为当今自动化控制系统发展的热点之一。

图 2.11 所示为典型的汽车 CAN 总线网络结构,现代汽车可能有多达几十个电子控制单元(ECU)用于各种子系统控制,包括发动机控制单元、自动驾驶、高级驾驶员辅助系统(ADAS)、变速器、安全气囊、防抱死制动(ABS)、巡航控制、电动助力转向、音频系统、电动车窗、车门、后视镜调整、混合动力/电动汽车的电池和充电系统等。其中一些构成了独立的子系统,但是子系统之间的通信也是必不可少的。CAN 标准就是为了满足这种需求而设计的,它可以通过微处理器和电控技术实现不同汽车系统之间安全、经济和方便的互联。

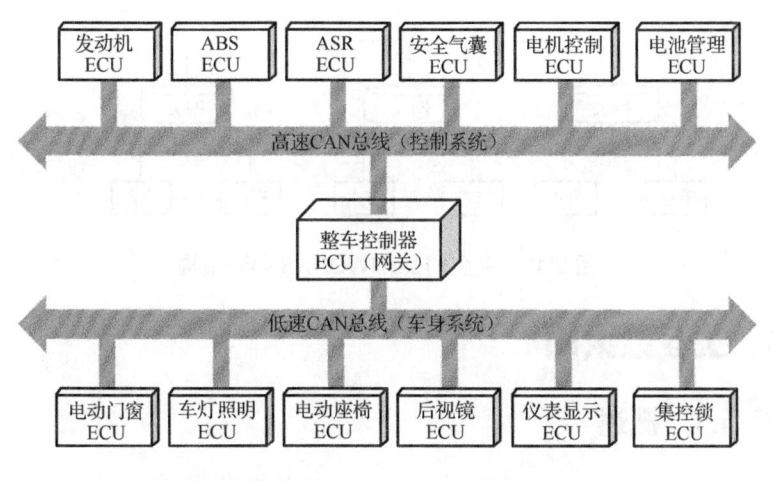

图 2.11 典型的汽车 CAN 总线网络结构

2.4.6 LONWORKS

LONWORKS 又称作本地操作网（Local Operating Netwok，LON），是美国 Echelon 公司开发的现场总线，它通过双绞线、电力线、光纤和射频等连接网络设备，多用于智能建筑、家庭自动化、保安系统、办公设备、交通运输等场景。

LONWORKS 技术核心为具有分布控制与通信联网功能的大规模神经元芯片、网络收发器和 LonTalk 通信协议。神经元芯片为超大规模集成电路，其内部有 3 个 CPU，一个用于执行用户编写的应用程序，另外两个用于完成网络任务。神经元芯片可以直接或通过收发器组成控制网络。LONWORKS 通信的最高速率为 1.25Mbps（有效距离为 130m），最远通信距离为 2700m（双绞线，通信速率为 78kbps），节点总数可达 3200 个。LonTalk 协议覆盖了 OSI 参考模型的所有 7 层协议。LONWORKS 可以通过多种收发器，支持多种传输介质，并提供总线型、星型、环型、混合型等多种典型的拓扑结构，它使得现场仪表之间、现场仪表与控制室设备之间构成底层网络互联系统，实现全数字、双向、多变量数字通信。图 2.12 所示为典型的 LONWORKS 网络结构。

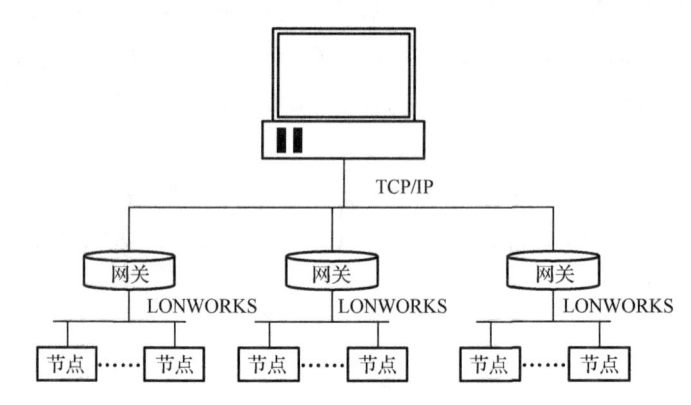

图 2.12 典型的 LONWORKS 网络结构

2.5 工业以太网

2.5.1 概述

工业以太网（Industrial Ethernet，IE）是基于以太网的工业通信协议的总称，按照国际电工委员会 SC65C 的定义，工业以太网是用于工业自动化环境、符合 IEEE 802.3 标准、按照 IEEE 802.1D "媒体访问控制（MAC）网桥"

规范和 IEEE 802.1Q "局域网虚拟网桥"规范、对其没有任何实时扩展而实现的以太网。工业以太网的出现,是为了解决现场总线标准多、异构网络通信困难的问题,它基于商用以太网技术和 TCP/IP 技术,通过提高产品的强度、适用性、可靠性和实时性来满足较为苛刻的工业现场需求,目前已逐步应用于工业控制领域。工业以太网和商用以太网的设备对比如表 2.3 所示。

表 2.3 工业以太网和商用以太网的设备对比

	工业以太网	商用以太网
元器件	工业级	商用级
连接器	防腐、防水、防尘,如加固型 RJ-45、DB-9 等	一般 RJ-45
工作电压	DC 24V	AC 220V
工作温度	-40~85℃或-20~70℃	5~40℃
电源冗余	双电源	一般没有
电磁兼容标准	EN 50081 EN 50082	办公用 EMC
平均无故障工作时间	>10 年	3~5 年

20 世纪 70 年代早期,国际上公认的第一个以太网系统出现于施乐(Xerox)公司的帕罗奥多研究中心(Palo Alto Research Center,PARC)。而自 2000 年年初现场总线国际标准 IEC 61158 第三版发布以来,世界先进工业国家、自动化领域的各大跨国公司针对现场总线技术过于复杂、核心技术无法共享等问题,纷纷将工业现场网络标准的争夺重心转移到工业以太网标准上,开始开发自己的工业以太网、实时以太网技术,并推出了一系列产品与标准,如德国 Siemens 公司的 PROFINET、美国 Rockwell Automation 的 Ethernet/IP、法国 Schneider Electric 的 MODBUS/RTPS、日本横河电气公司的 VNET、德国 Beckhoff 公司的 EtherCAT、欧洲开放网络联合会的 PowerLink、SERCOS III 等。

工业以太网是以太网在工业控制领域的应用,它在技术上与商用以太网(IEEE 802.3 标准)兼容,但是实际产品和应用则为了适用恶劣且复杂的工业场景做了大的改变。主要表现为在材质的选用和产品参数的设计上,提高了强度、适用性,以及实时性、交互操作性、可靠性、抗干扰性和本质安全性等,故工业以太网在工业现场控制应用中具有响应时延低、通信速率高、

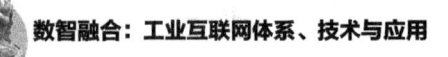

稳定可靠、软硬件产品丰富、资源共享能力强，以及可扩展潜力大等优势，具体如下。

（1）低成本、易于组网是工业以太网具有的极大优越性。以太网的应用广泛，与计算机、服务器等接口十分方便，因此受到硬件开发与生产厂商的高度重视与广泛支持，它的产品种类多，硬件价格也相对低廉，而且维护成本低。

（2）具有相当高的数据传输速率，目前以太网的通信速率为 10Mbps、100Mbps、1000Mbps、10Gbps，比目前的现场总线的速率快得多，且以太网可以提供更高的带宽。

（3）开放性和兼容性好。以太网采用的 IEEE 802.3 所定义的数据传输协议是一个开放的标准，很容易将 I/O 数据连接到信息系统中，数据很容易以实时的方式与信息系统上的资源、应用软件和数据库共享。

（4）易与 Internet 连接。在任何城市、任何地方都可以利用电话线通过 Internet 对工业控制网络进行监视控制，能实现办公自动化网络与工业控制网络信息的无缝集成。

（5）受到了广泛的技术支持。几乎所有的主流编程语言，如 Java、Visual C++、Visual Basic，都支持 Ethernet 的应用开发，今后还会出现更好的 Ethernet 开发技术。

（6）软硬件资源丰富。市场上大量的软件资源和设计经验可以显著降低系统的开发周期与研发成本，大大加快系统的开发和推广速度，同时大量的以太网人才可降低企业的人力成本。

虽然优点很多，但不可否认的是，工业以太网在引入工业控制领域时也存在一些不足，这也是它没有完全取代其他网络的原因。

工业以太网的不足如下。

（1）实时性问题。传统以太网采用 CSMA/CD 的通信方式，当存在大量冲突时，数据必须多次重传，耗费时间较多，因此无法适用于实时性要求较高的场合。

（2）可靠性问题。以太网采用的 UDP（用户数据报协议），不具备报文到达确认、排序，以及流量控制等功能，因此可能会出现报文丢失、重复以及乱序等问题。

（3）安全性问题。工业以太网运行在工业环境之中，因此必须考虑本质安全问题。另外，由于使用了 TCP/IP 协议栈，工业以太网可能会面临网络病毒、黑客非法入侵与非法操作等安全威胁。

2.5.2 实时以太网

普通以太网采用多路访问 CSMA/CD 机制进行数据收发，在很大程度上提高了其数据传输效率，保障了通信的稳定性；但在工业环境中，传感器和控制器设备之间的数据交换对系统响应时间的要求更为严格，这种机制无法满足工业控制网络的实时性要求。因此，工业以太网技术衍生出了许多具有良好实时性的解决方案，即实时工业以太网。

目前，国内外已存在多种实时工业以太网标准，如 EtherCAT、PROFINET、Ethernet PowerLink、Ethernet/IP 等，IEC 标准 IEC 61784-2 对该类协议进行了规范。如图 2.13 所示，按照通信模型的不同，它们大致可以分为三类，分别为基于 TCP/IP 的实现（图中 A 类）、基于以太网的实现（图中 B 类）和修改的以太网实现（图中 C 类）。

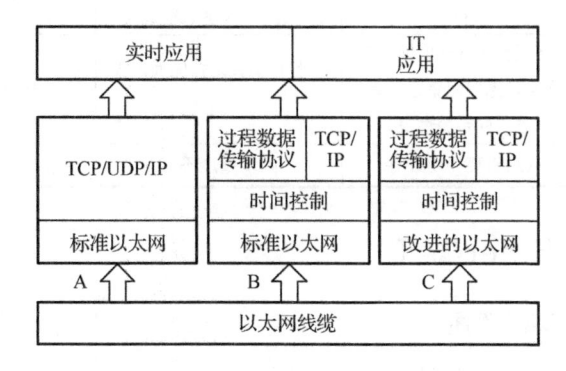

图 2.13 三种实时工业以太网结构

其中，A 类的典型协议有 MODBUS/TCP、Ethernet/IP，使用 TCP/IP 协议栈和通用的以太网物理层协议，可与普通商用网络直连，通过应用层的调度控制实现通信的实时性。调度控制手段包括：合理的任务调度控制，尽量避开通信间的冲突；以分配最高优先级的方式，保持实时数据先于其他数据传输；使用交换式以太网等。

B 类的典型协议有 EPL（Ethernet PowerLink）、PROFINET RT，同样使用标准的、未修改的以太网物理层硬件，但是对以太网协议进行了改进，在网络层中插入时间控制层来分类处理通信数据，以提高实时性。具体地，通过引入特殊的过程数据传输协议，使用特定以太网帧传输实时数据，使用 TCP/IP 协议传输非实时数据。

C 类的典型协议有 EtherCAT、SERCOS III，该类型修改了以太网协议，其从站需要使用专门的硬件实现。该类协议提供了两种通信通道，以满足不同数据传输的实时性要求：用专用硬件提供实时通信信道处理实时数据，完全杜绝冲突的发生，能够实现小于 1ms 的高实时响应速度；用 TCP/IP 和开放通道传输非实时数据。

三种典型的实时工业以太网对比见表 2.4。

表 2.4　三种典型的实时工业以太网对比

	EtherCAT	EPL	Ethernet/IP
通信结构	Master/Slave	Master/Slave	Client/Server
传输模式	全双工	半双工	全双工
物理拓扑	星形、树状、总线等	星形、树状、总线等	星形、树状
实时性能	100 轴响应时间 100μs	100 轴响应时间 1ms	1～5ms
同步精度	1μs	1μs	1μs
优点	拓扑灵活，节点地址自动分配，无须配置通信参数，同步精度高	拓扑灵活，兼容标准以太网	完全标准化，兼容以太网
缺点	从站需要专用硬件	同步精度不高	同步精度不高，配置复杂

2.5.3　EtherCAT

1. EtherCAT 概述

EtherCAT（Ethernet for Control Automation Technology）是贝克霍夫自动化公司于 2003 年发明的基于以太网的现场总线系统。该协议符合 IEC 61158 标准，适用于自动化技术中对软硬件实时计算的要求。EtherCAT 的设计目标是将以太网应用于需要更短数据更新时间（或周期时间，≤100μs）、更低通信抖动（≤1μs）、更低硬件成本的自动化应用程序。EtherCAT 已被纳入多种国际标准：IEC 61158 中的 Type12；IEC 61784 中的 CPF12；在 IEC 61800 中，EtherCAT 支持 CANopen DS402 和 SERCOS 规范；在 ISO 15745 中，EtherCAT 支持 DS301 规范。

EtherCAT 基本上是最快的工业以太网技术，且它的同步精度也达到了纳秒（ns）级，这对于通过总线系统控制或测量目标的所有应用程序来说是一个巨大的好处。快速反应时间可以减少流程步骤之间转换期间的等待时间，

这显著提高了应用程序的效率。最后，与其他总线系统相比，EtherCAT 系统架构通常可以将 CPU 上的负载减轻 25%～30%（给定相同的周期时间）。经过优化应用后，EtherCAT 还可以进一步提高准确性、提高吞吐量并降低成本。

EtherCAT 还具有以下特点。

（1）效率高、刷新周期短。EtherCAT 使用硬件读取和解析数据帧，不受 CPU 性能、软件实现方式等的影响，时间延迟极小。同时，EtherCAT 可以达到小于 100μs 的数据刷新周期。据官方测试，EtherCAT 网络在 100 个节点共 1000 开关量的应用只需要 30μs 的更新时间，在 100 伺服轴应用中的通信时间也仅为 100μs。

（2）支持多种拓扑结构，如总线、星形、树状。可以使用普通以太网使用的电缆或光缆。可支持 100Base-TX、100Base-FX、LVDS 等以太网物理层，允许任意数量的物理层改变。100Base-TX 模式的设备间通信距离达 100m；100Base-FX 模式使用两对光纤进行全双工通信，单模光纤传输距离可达 40km，多模光纤传输距离可达 2km。

（3）适用性广、成本低。主站无专用插卡要求，任何带有普通以太网控制器的设备，如嵌入式系统、普通的 PC、控制板卡等，都有条件作为 EtherCAT 主站。从站功能性要求低，可使用低成本的微处理器，如 DSP、PIC 单片机、FPGA 等。EtherCAT 设备和基础组件的成本与 PROFIBUS、CanOpen 等总线相比，节省至少 21.5%。

（4）开放性高。EtherCAT 协议是完全开放的，并有多种从站控制器的源码供用户和开发者参考。同时，拥有多种扩展版本来支持多种应用层协议和工业设备行规，如 CoE（CANopen over EtherCAT）支持 CANopen 协议，SoE（SERCOE over EtherCAT）支持 SERCOE 协议，EoE（Ethernet over EtherCAT）支持普通的以太网协议，FoE（File over EtherCAT）用于上传和下载固件程序或文件，便于用户和设备制造商实现现场总线到 EtherCAT 的转换。

2. EtherCAT 系统的组成及工作原理

EtherCAT 系统由一个主站和多个从站组成。主站可采用嵌入式和 PC 机两种方式，均需要配备标准的以太网控制器，是整个网络的控制中心和通信的发起者。从站设备的核心是从站控制器（EtherCAT Slave Controller, ESC）和微处理器。其中，从站控制器实现数据链路层的协议，微处理器实现应用层的协议，两者通过过程数据接口实现相互通信。

EtherCAT 采用集束帧的方式通信，通信周期由主站发起。主站将数据帧发送到某一从站。从站在接收到数据帧时分析寻址到本站的数据，根据帧中的命令来提取数据，同时把要发送给主站的数据插入该数据帧，并更新数据帧中相应的工作计数器（WKC）以标识出该数据帧被从站处理过，然后将数据帧发送到下一个从站进行相同的处理。当数据帧到达最后一个从站后沿原路返回，由系统中的第一个从站将整个网络中处理过的数据帧发回到主站，完成一个数据通信周期。

从站之间的通信方式有两种：直接通信和通过主站通信。在直接通信的方式中，上游从站在数据帧经过时插入传输给下游从站的数据，下游从站就可以从数据帧中直接获得信息。从站通过主站通信，首先将传递给目标从站的数据插入数据帧，数据帧返回到主站后再由下一个网络数据帧传送给目标从站。通过主站通信的方式，其效率不及从站间直接通信，但是集束帧的方式可以让主站发送数据帧的周期时间很短，从而保证从站间的通信速度。

EtherCAT 采用分布式时钟机制实现同步，通信周期抖动远小于 $1\mu s$，相当于 IEEE 1588 精密时间协议标准（PTP）。建立分布式时钟的典型过程如下：由主站向所有从站发送广播，在接收到此消息时，所有从站将锁住其内部时钟的值两次，一次是在接收到消息时，另一次是在消息返回时（EtherCAT 具有环形拓扑结构）。然后，主服务器可以读取所有锁存的值，并计算每个从服务器的延迟。这个过程可以按需要重复多次，计算平均输出值以减少抖动。根据每个从站在从站环中的位置，计算每个从站的总延迟，并将其上传到一个偏移寄存器。最后，主站对系统时钟发出广播读写，将第一个从服务器作为参考时钟，并让所有其他从服务器以已知的偏移量适当地设置它们的内部时钟。

EtherCAT 的这种通信机制使得数据在网络中的传输不会出现冲突，从而使网络具有确定性和高度实时性。在从站中，数据帧的接收与解码、数据的提取与插入、数据帧的转发都是由硬件来实现的，这使得 EtherCAT 数据帧经过每个从站的时间极小，时间延迟为 100~500ns，并且在帧的返回过程中从站不做处理，也不再带来插入与提取的延迟，保证了网络的高度实时性。整个通信过程示意图如图 2.14 所示。

EtherCAT 主站的硬件接口使用标准的以太网物理层与数据链路层架构发送和捕获数据帧。主站的软件用于实现人机交互和功能模块，主要有以下几个基本功能：配置系统参数，处理伺服系统报警、机械故障报警等故障信号；读取从站设备描述 XML 文件并对其进行解析，获取其中的配置参数；发送和捕获 EtherCAT 数据帧，完成子报文解析、打包等；管理、实时监控从站设备状态，处理从站反馈信号。EtherCAT 从站由标准以太网物理层器件、从站控制器 ESC 和本地应用控制器组成，分别对应从站的物理层、数据链路层和应用层。其中，ESC 可由 FPGA（Field Programmable Gate Array，现场可编程门阵列）或 ASIC（Application Specific Integrated Circuit，专用集成电路）实现，是从站中最关键的地方，它通过 PDI 接口与微控制器相连，可以选 SPI 串行接口和 8 位/16 位的并行接口，负责高速动态地处理 EtherCAT 帧，以及网络数据的报文处理。EEPROM 通过 I^2C 与 ESC 相连，用于保存从站的描述文件和配置信息。

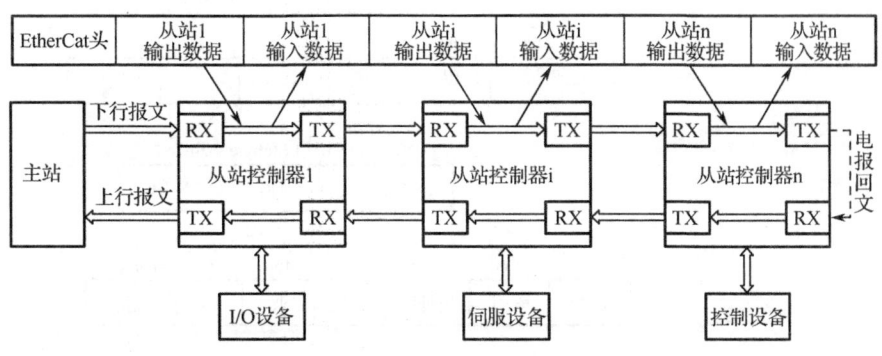

图 2.14　EtherCAT 通信过程示意图

EtherCAT 支持各种拓扑结构，如总线、树状、链形和星形等，以及不同拓扑结构的任意组合，极大地提高了工业现场布线的灵活性。EtherCAT 的集束帧处理机制使其可以在网段内任意从站位置使用分支结构而不打破逻辑环路。

3. EtherCAT 的物理层

EtherCAT 支持 3 种物理传输介质标准，分别是 100Base-TX、100Base-FX 和 EBUS。100Base-TX 是为快速以太网制定的传输介质标准，使用的是两对 5 类非屏蔽双绞线，最大传输距离为 100m，成本较低，一般用于传输距离较远的应用；100Base-FX 也是快速以太网协议，使用的是两股多模光纤，传输距离可达 2km，成本比较高；EBUS 则是德国倍福自动化公司制定的专用标准，它使用低压差分信号（Low Voltage Differential Signaling，LVDS），传输速率为 100Mbps，最远传输距离为 10m。

4. EtherCAT 的数据链路层

EtherCAT 数据直接通过标准的 IEEE 802.3 以太网数据帧传输，数据帧类型为 0x88A4，这也是为什么主站只需用标准网卡的原因。一个完整的 EtherCAT 数据帧包括 14 字节（Byte）的以太网帧头（Ethernet Hader）、46～1500 字节的 EtherCAT 数据区（Ethernet Data）和 4 字节的帧校验序列（FCS）三部分，如图 2.15 所示。

以太网帧头（EtherCAT Header）			EtherCAT数据区		
6byte	6byte	2byte	2byte	44～1498byte	4byte
目的地址	源地址	帧类型 0x88A4	EtherCat头	EtherCat数据	FCS

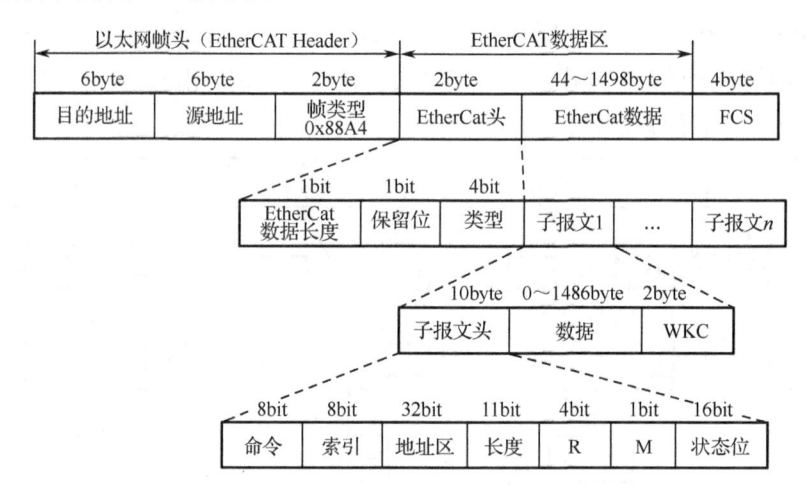

1bit	1bit	4bit			
EtherCat 数据长度	保留位	类型	子报文1	...	子报文n

10byte	0～1486byte	2byte
子报文头	数据	WKC

8bit	8bit	32bit	11bit	4bit	1bit	16bit
命令	索引	地址区	长度	R	M	状态位

图 2.15　EtherCAT 帧结构

EtherCAT 以太网帧头包括接收方的 MAC 地址、发送方的 MAC 地址和帧类型。EtherCAT 数据区由 EtherCAT 头和 EtherCAT 数据组成，其中至少包含一个子报文，每个子报文分别对应独立的设备或从站区域，它又包括子报文头、数据和相应的工作计数器（Working Counter，WKC）。WKC 的初始值为 0，每当子报文被处理后，WKC 的值被改变，主站通过 WKC 的值判断其是否被正确处理。

5. EtherCAT 的应用层

应用层是 EtherCAT 协议的最高一层，它定义了控制程序与网络交互的接口。EtherCAT 本身没有定义特定的应用层协议，而通过设计接口来支持现有的协议，符合这些协议的应用程序都可以在应用层的控制下协同完成控制任务。EtherCAT 支持以下应用层协议。

1)EoE(Ethernet over EtherCAT)

EtherCAT 支持标准的 IP 类协议,如 TCP/IP、UDP/IP,以及 E-mail、Web 和 FTP 等因特网应用。在同一物理层网络中,不同类型的以太网设备均可以通过交换机实现与 EtherCAT 设备的连接;而对于非 EtherCAT 类型的以太网设备,通过检测到以太网帧类型字段或者 UDP 帧中的端口号为 0x88A4,就可得知该帧并非本机接收的数据包,不予处理。

2)CoE(CANopen over EtherCAT)

CoE 是为 CAN 总线开发的应用层协议,是 CANopen 协议的优化和扩展。EtherCAT 提供了 CANopen 的传输机制,使用邮箱通信访问对象字典,实现网络初始化;使用应急对象和可选的时间驱动 PDO(Process Data Object)消息实现网络管理;周期性地传输指令数据和状态数据等。

3)SoE(SERCOS over EtherCAT)

SERCOS 协议由国际标准 IEC 61491 定义,是用于高性能数字伺服实时系统的通信接口协议。EtherCAT 兼容 SERCOS 协议,可通过邮箱来访问和配置伺服控制系统的参数,通过周期性过程数据帧来实时传输伺服系统的指令数据和状态数据。

4)FoE(File over EtherCAT)

EtherCAT 使用类似于 TFTP(简易文件传递协议)的简单传输协议实现文件的下载和上传,允许存取设备中的任何数据结构。它不需要 TCP/IP 的支持,实现起来非常简单。

2.5.4 PROFINET

1. PROFINET 概述

"PROFINET"是"Process""Field""Net"的组合,PROFINET 协议于 2001 年 8 月由西门子公司和 PROFIBUS 国际组织共同发布,自 2003 年起,PROFINET 成为 IEC 61158 及 IEC 61784 标准中的一部分。PROFINET 是一个完整的自动化工程通信网络标准,能实现实时通信、分布式现场设备、运动控制、分布式自动化、网络安装、IT 标准和信息安全、故障安全和过程自动化等功能,可以满足工控行业对于网络通信的所有要求。

PROFINET 协议架构包括 Ethernet 层、IP 层、TCP/UDP 层、IT 应用层,分别对应 OSI 参考模型中的物理和数据链路层、网络层、传输层、应用层。其中,Ethernet 层采用 IEEE 802.3 协议作为通信标准;IP 层主要用于建立网络连接和为上层提供服务；TCP/UDP 层主要用于传输时间敏感度较低的数据；IT 应用层主要给应用程序提供 HTTP、SNMP、SOCKET、PROFINET 等协议接口。

为了给不同使用特点和应用领域的应用提供最佳支持，PROFINET 提供了两种技术解决方案：用于分布式 IO 设备控制的 PROFINET IO 和支持分布式自动化系统间通信的 PROFINET CBA（Component Based Automation，基于组件的自动化）。

PROFINET IO 规定了 IO 控制器和 IO 设备之间的通信方式、参数化和诊断方法，支持分布式现场设备直接连入以太网。它采用生产者/消费者模型进行快速数据交换，可实现微秒级的总线周期。PROFINET CBA 技术将制造系统的机器或设备进行模块化处理，通过 TCP/IP 和实时通信实现模块的同步化、顺序控制和信息交换等自动化应用。从 PROFINET 的角度来看，PROFINET IO 用于将分散式现场设备无缝接入 PROFINET 网络，是一种将以太网技术应用于工业控制领域的协议标准。

2．通信帧

IEEE 802.1 标准定义的以太网通信 TCP(UDP)/IP 通信，满足大部分情况下的家庭及企业通信需求，然而其时间响应和同步操作不能完全满足工业以太网通信的要求，因此 PROFINET 兼容了 TCP(UDP)/IP 通信，又提供了优化的实时通信路径：RT（Real Time，实时）和 IRT（Isochronous Real Time，等时同步实时），如图 2.16 所示。

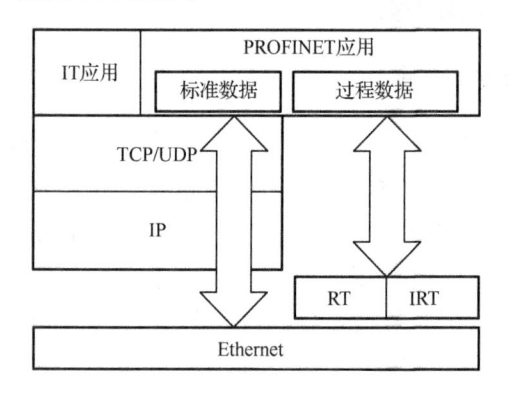

图 2.16　PROFINET 通信框架图

TCP（UDP）/IP 标准的通信响应时间为分秒级，主要用于实时性要求较

低的普通工厂控制级应用，用来发送非实时性数据，实现参数初始化、数据组态和诊断、用户数据协商等，通过 TCP（UDP）/IP 标准通道也可将 PROFINET 网络接入互联网，使以太网的非实时数据能够在 PROFINET IO 设备之间进行交换。在应用层，主要采用 SMTP（用于电子邮件）、FTP（用于文件传输）和 HTTP（用于互联网）等协议实现应用的相互协同。

RT 通信是一种软实时（Software RT，SRT）方案，响应时间为 5~10ms，适用于周期性数据的传输。RT 通信协议只保留了 OSI 参考模型结构中的第一、第二和第七层，省去了 TCP/IP 层的打包和解包环节，大大减小了实时数据在通信协议栈内的存留时间。RT 通信和 TCP(UDP)/IP 通信使用相同的物理层，但由于没有网络层，RT 通信无法使用 IP，只能依靠 MAC 地址发送数据到目标设备。

RT 数据帧的结构如图 2.17 所示，它在原有的以太网数据帧中加入了一个 VLAN 标签对帧的优先级进行标识，由低到高分别是 0 到 7，RT 数据一般为 6 或 7，交换机根据优先级控制数据的传输顺序。

7Byte	1Byte	6Byte	6Byte	2Byte	2Byte	2Byte	2Byte	36~1440Byte	4Byte	4Byte
前导码	SFD	目标MAC	源MAC	以太网类型	VLAN	以太网类型	帧类型标识符	用户数据	APDU状态	PCS

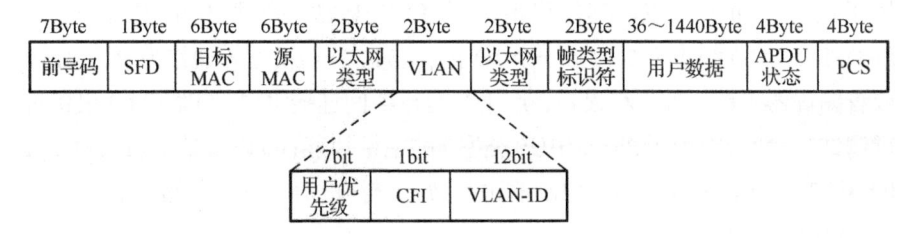

7bit	1bit	12bit
用户优先级	CFI	VLAN-ID

图 2.17　RT 数据帧的结构

IRT 通信是按照最严格的实时要求制定的，用于同步应用（如运动控制等）场景，可以做到程序、数据传输与设备同步，传输时延小于 1ms，抖动小于 1μs。IRT 通过专用物理层硬件和网络控制芯片实现实时的分时多路复用，即将每个数据帧传输周期划分为 IRT 通道和开放通道（即 TCP/IP 通道）两个通道，如图 2.18 所示。其中开放通道用于传输 TCP/IP 数据，因此在相同的传输介质上，IRT 数据的传输不会受到 RT 和 NRT 数据的干扰，保证了传输的确定性。同时，不同于 RT 和 NRT（非实时）数据先存储后转发的方式，交换机在接收到 IRT 帧时会直接转发，保证了传输的实时性。

IRT 数据帧的结构如图 2.19 所示，基本上与 RT 数据帧相同，其主要信息包括帧类型标识符、以太网类型、帧在传输周期中的位置等。由于它是由专用通道进行传输的，因此不需要 VLAN 标签进行优先级分配。

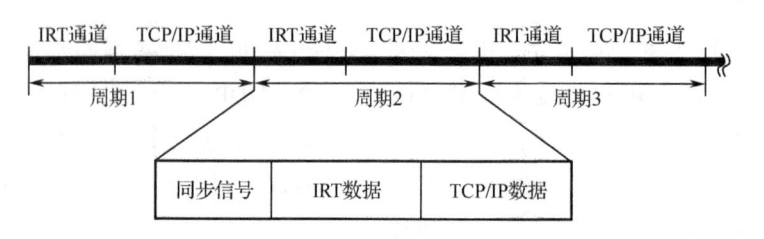

图 2.18　IRT 通信分时多路复用示意图

图 2.19　IRT 数据帧的结构

3. 工作原理

PROFINET IO 系统由 IO 控制器、IO 设备和 IO 监视器构成，基于生产者/消费者模型实现数据交换，如图 2.20 所示。其中，IO 控制器（通常为 PLC）用于执行自动化程序，其作用相当于 PROFIBUS 类型 1 的主站，一个 PROFINET IO 组态至少包括一个 IO 控制器；IO 监视器（通常为 PC、HMI 或者编程器）是一种工程设备，用于在运行期间连接 IO 控制器和 IO 设备进行调试与诊断，相当于 PROFIBUS 类型 2 的主站功能；IO 设备是用 PROFINET IO 机制与一个或多个 IO 控制器进行数据交换的分布式现场设备，相当于 PROFIBUS 的从站。

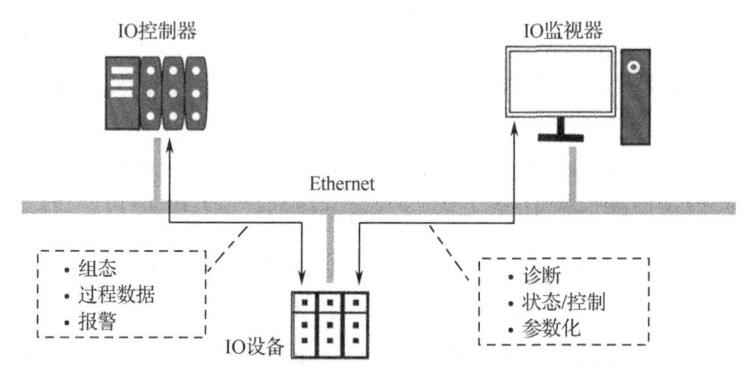

图 2.20　PROFINET IO 系统的结构

控制器/监视器和设备之间通过建立精确定义的通信通道进行数据交换，每个数据交换被嵌入在"应用关系"（Application Relation，AR）中，它对设备模型的数据（如通信参数）进行管理，是允许通信通道上两个设备间进行数据交换的虚拟元素。不同控制器和一个设备之间可以建立多个 AR，并由 ARUUID 进行唯一标识。通过使用应用关系，IO 监视器和 IO 控制器可以读取 IO 设备的数据或向 IO 设备写入数据。

通信关系（CR）是对消费者和生产者之间通信通道的规定，它必须建立在 AR 内。在一个 AR 中可以建立多个不同的 CR（如图 2.21 所示），数据通信被封装在 PROFINET 的 AR 和 CR 中。其中，IO 数据 CR 用于循环交换用户数据；报警 CR 用于在实时同道内非循环传输报警；记录数据 CR 用于非循环数据交换。

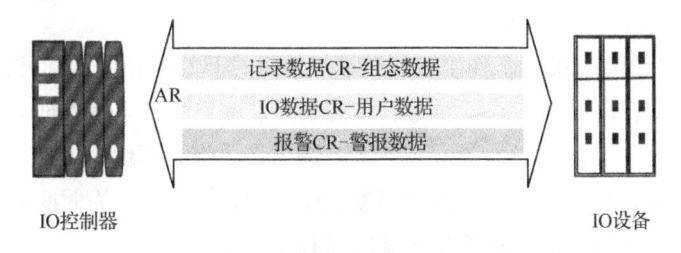

图 2.21　应用关系和通信关系示意图

2.5.5　工业以太网的发展前景

工业以太网已经成为控制系统网络发展的主要方向，随着以太网技术的成熟、交换技术的应用、高速以太网的发展等，几乎所有的现场总线系统最终都可以连接到工业以太网，而嵌入式系统的发展也将更容易实现 TCP/IP，因此工业以太网有望成为控制和现场设备级的标准的高速工业网络，有着广阔的应用和发展前景，在未来，也将成为工业控制网络的首选。

与此同时，虽然工业以太网已经广泛应用于工业控制领域，但是相较于现场总线技术成熟的网络实时性和安全性，工业以太网在底层网络技术上还不够完善，因此工业太网目前主要应用在工业现场的信息层，底层设备之间的通信依然为现场总线技术。要实现工业以太网在设备底层的应用，就需要解决工业以太网与设备底层多种现场总线之间的兼容问题。

2.6　时间敏感网络技术

2.6.1　概述

传统工业以太网协议（如 PROFINET、EtherCAT、Ethernet/IP、CC-Link、

MODBUS-TCP 等）在互操作性、传输质量、应用范围、兼容性和设备成本等方面均存在不足，如在传输视频流、广播等大规模数据时会因网络负载的增加而导致通信延迟甚至瘫痪。2005 年，音视频桥接（Audio Video Bridging，AVB）技术协议问世，对标准以太网协议进行了扩展，通过增加时钟同步、带宽预留等协议提高了标准以太网音视频传输的实时性。2012 年，IEEE 802.1 任务组将 AVB 升级为 TSN（Time-Sensitive Network，时间敏感网络）。TSN 通过无缝冗余等机制扩展了 AVB 技术的性能，为网络提供有界低时延、低抖动和极低数据丢失率的功能，使得以太网能适用于可靠性和时延要求严苛的时间敏感型应用场景。

目前，IEEE 802.1 工作组已发布了一系列关于 TSN 的技术标准，如表 2.5 所示，主要在时间同步、低时延、资源预留、高可靠性 4 个方面对以太网技术协议进行了优化升级，通过高精度时钟同步、带宽预留、流量整形、逐流过滤和警管、帧抢占、时间感知调度、无缝冗余等技术，为时间敏感数据流的传输提供了传输的可靠性和超低的端到端时延。

表 2.5　TSN 技术标准协议族

特　　性	标准编号	标准名称
时间同步	IEEE 802.1AS	时间敏感应用的时间同步
低时延	IEEE 802.1Qav	基于信用的整形器
	IEEE 802.1Qch	周期性序列和转发
	IEEE 802.1Qcr	异步流量整形
	IEEE 802.1Qbv	预定的数据流
	IEEE 802.1Qbu	帧抢占
	IEEE 802.1AB	路径发现
资源预留	IEEE 802.1Qcc	TSN 配置
	IEEE 802.1Qat	流预留协议
	IEEE 802.1Qcp	YANG 数据模型
	IEEE 802.1CS	本地链接注册协议
高可靠性	IEEE 802.1Qca	路径控制和保留
	IEEE 802.1CB	帧复制与消除
	IEEE 802.1Qci	帧检测过滤与报错

工业网络 TSN 的主要意图在于异构网络的搭建，在工业控制网络中，

同一个网络往往需要集成不同类型的设备和不同类型的通信方式，且通信设备之间需要进行实时性交互。TSN 交换机通过链接不同的设备或者网段，为每个设备或者网段配置不同的"数据高速通道"，实现数据的交互。目前，时间敏感网络协议族已基本完备，技术趋于成熟，各大工业通信公司和厂商均已部署自己的 TSN 产品。例如，英特尔、博通、德州仪器等主流芯片商的 TSN 芯片已上市销售；华为、新华三、思科、摩莎等通信设备厂商也已在 2020 年正式发布相关产品；PROFINET、EtherCAT、Ethernet/IP 等工业以太网也在积极探索与 TSN 兼容的技术方案。在未来的一段时间内，TSN 技术将在国际产业界的推动下继续得到完善，同时加速从研究阶段全面转入垂直行业的试点落地。

2.6.2 特点与功能

TSN 弥补了局域网中对实时系统的支持，是对 IEEE 802.1Q 的升级，它的目的是提供一种时间范围确定、可预测的低时延端到端信息传输方法。TSN 具有低时延、低抖动、高可用性、兼容性等优点，其核心技术包括精准的时间同步、高精度的流量调度和智能化的网络管控等。

（1）精准的时间同步：精准的时间同步是传输时间敏感数据的基础，在发送端和接收端之间需要一个精准的同步时钟来提供时间信息。TSN 网络中使用 IEEE 802.1AS 精准时钟同步协议（gPTP）中的最佳主时钟算法来选择 gPTP 域中唯一的主时钟，它能鉴别网络节点设备是否支持 gPTP 协议，并将网络中的各个节点同步起来。

（2）流预留协议（SRP）功能：TSN 网络中使用 IEEE 802.1Qat 的 SRP 对数据流的传输服务进行管理，对传输路径进行维护和管理。

（3）排队与转发功能：TSN 使用 IEEE 802.1Qav 协议进行流量整形、队列管理、优先级划分，以保证时间敏感数据流不受传统异步以太网数据流的干扰。

（4）调度器：TSN 使用 IEEE 802.1Qbv 协议定义了基于时间感知的调度器，利用门操作来为同一网络中不同时间敏感数据流创建独享的信道，以进一步减小由于传输干扰业务造成的数据流时延。

（5）抢占机制：TSN 使用 IEEE 802.1Qbu 协议，允许满足一定条件强实时性数据抢占弱实时性数据的数据通道，被抢占打断的数据可以在强实时性数据传输完成之后继续占用信道进行传输。

（6）循环排队转发：TSN 使用 IEEE 802.1Qch 的循环排队转发（Cyclic Queuing and Forwarding，CQF）方式，通过设置合理的循环时间，计算每一跳时延之和来计算数据包通过网络的时延。

（7）数据流管理与过滤：TSN 使用 IEEE 802.1Qci 协议定义了针对数据流的管理与过滤功能，处理由错误操作造成的部分节点流量过载的问题，防止其扩散到其他节点。

2.6.3 应用场景

TSN 由于能提供确定的端到端时延和高可靠性的数据传输而被广泛应用于工业控制、汽车工业等领域中。在工业控制场景下，TSN 可实现工厂自动化，提供各设备间的时间同步和关键数据及时可靠的传输，以满足工厂控制程序对关键数据的严苛要求。

在汽车工业领域中，TSN 标准能满足无人驾驶和智能交通场景中对数据传输的实时性和高可靠性需求。

1. 自动化工厂

目前，工业自动化正向工业 4.0 转型升级，工厂生产线中的智能设备越来越多，各种设备之间的互联互通需求也更加迫切。现在的大多数工厂中，智能设备、控制机器人多由工作人员进行本地控制，数据交互往往通过工业网关进行转发或通过专网进行传输，因此不同数据对传输时延、抖动的需求难以同时得到满足。而 TSN 技术可以将独立的系统整合到一张网中，为不同优先级的数据开辟网络通道，类似高速公路中的应急车道给优先级高的车辆通行，其他车道给普通车辆通行，TSN 网络中不同的应用数据均能按照各自的要求传输，这样既可以实现不同应用的互联互通，又能大大节约硬件基础设施的成本。

2. 汽车行业

目前的主流汽车总线技术有四种：CAN、LIN、Flex Ray 和 MOST。其中，CAN 总线用来实现汽车内部控制系统的数据通信；LIN 主要应用于电动门窗、座椅调节、灯光照明等控制等；Flex Ray 主要应用于事关安全的线控系统和动力系统；MOST 主要服务于多媒体应用。而未来，随着无人驾驶、车联网等技术的流行，汽车将向集高级辅助驾驶系统、智能视觉安全系统及信息娱乐系统于一体发展，车载设备的多样性、车载网络的传输带宽、车载系统的互操作性将迫切寻求突破，这些都对传统车载网络提出了较大挑战。

为了满足上述需求，近年来以 Ethernet AVB 为基础，具有低时延、可扩展、高带宽等优点的 TSN 技术在汽车领域得到了大量关注和推广，一些自动化公司，如 ADI（Analog Devices Inc）、Marvell，都在近年来推出了支持 TSN 的汽车以太网解决方案；一些芯片厂商，如 Xilinx、瑞萨和 NXP 等，也开发了汽车用 TSN 芯片并进行了测试。

TSN 技术应用与车载网络，可以对上述现场总线进行统一管理，降低给汽车和专业的 A/V 设备增加网络功能的成本及复杂性。未来 TSN 的发展可以借助千兆以太网技术实现更高的带宽；与 IP 协议结合，可以实现更多、更复杂的车载安全和多媒体应用；将 TSN 与 5G、Wi-Fi 等技术结合以实现端到端的通信，也是目前产业界和学术界的研究热点之一。而随着汽车行业各项技术的发展，以及车载网络越来越开放，车载网络的信息安全问题也将进一步得到重视。

TSN 技术是提供实时性信息传输的标准化技术，是对传统以太网的升级与改进。如今，国际上 TSN 技术的研究与应用还处于发展初期，各类标准也尚未完善。我们需要做的便是密切关注 TSN 技术的进展，防止掉队，在加大研发投入的同时，努力推动 TSN 技术在我国工业界的广泛应用，这不仅符合我国战略，也是实现工业产业数字化转型升级，推动新业态、新模式发展的一条高速公路。

2.7 工业控制网络发展趋势

工业控制网络的发展是阶段性的，从传统的控制网络发展到较为先进的现场总线，再到当下的热点工业以太网以及无线网络控制，未来工业网络将向高实时性、安全性和可靠性等方向发展，实现实时异构网络及多现场总线集成。

1. 提高通信的实时性

实时性是保障系统性能的主要因素。对于集散控制系统，可从网络调度算法、协议方式、数据帧长、有效数据比、通信速率等方面提高过程控制网的实时性；现场总线可以通过简化模型结构、采用可靠的数据链路层协议和灵活的信息调度技术来提高实时性；工业以太网实时性优化的核心问题是解决以太网延迟的不确定性。

2. 提高通信安全性

通信系统的安全不仅仅是由设计和实现决定的，还包括在系统建立过程中的方案定制、设计、建造、安装、调试、测试、运行、维护等所有阶段涉及安全的内容。IEC 61508 提出了一种风险分析方法来决定安全相关系统的安全要求及安全完整性等级（SIL），并将系统的功能安全划分为四个等级。提高工业通信的安全性，以满足 SIL 高级别的要求，将是工业控制网络安全性发展的趋势。

目前，一些总线研究机构分别提出了自己的网络安全解决方案，如 PROFISAFE 根据"黑通道"原理，通过给数据帧添加序列号、时间戳、识别码等方式来提高安全性能；Ethernet PowerLink（EPL）采用时间戳测量机制、区分安全数据和非安全数据、CRC（循环冗余校验）等方式保证通信的安全；SERCOS III 通过高级数据链路控制（HDLC）来检测数据比特的错误，通过序列号、消息回传和不同的数据完整性检测来保证通信的安全。

3. 多现场总线集成

多现场总线并存且相互竞争的局面由来已久，由于各大集团利益相争等问题，8 种现场总线国际标准在未来相当长的时间内还将继续共存，而多现场总线集成、协同完成工业控制任务将成为未来发展的趋势。目前，市场上的集成方法主要用到的是基于网关技术的多现场总线集成和基于 OPC（OLE for Process Control，用于过程控制的 OLE）技术的多现场总线集成。

4. 无线网络提供新的应用可能

使用无线技术实现现场总线协议是目前工业控制网络发展的一大趋势。与以太网一样，为了减少开发的时间和成本，无线技术在工业领域的开发是利用现有标准，而不是专门为工业用途开发新的物理和数据链路层。无线技术的优点显而易见——具有移动性、灵活性、非常易于安装，进一步减少了通信所需的布线数量，从而降低了安装成本，无线也特别适用于危险环境或安装在移动设备上，以避免电缆的损坏问题或对机器操作的限制，同时实现更快的调试和配置。

相比于以太网，无线技术在工业中的应用面临更多挑战，因为现有的无线技术在响应实时性和确定性上难以满足一些工业场合。无线很容易受到各种干扰源的干扰，从而导致传输错误，在传输信道本身内，存在多径衰落和码间干扰等影响。环境电磁辐射，如大型电机产生的电磁辐射和放电、热噪声、设备快速移动所产生的多普勒频移等，都会对无线传输产生负面影响。另外，与有线系统相比，无线系统的物理开销及无线传输的安全性也存在很大的优化空间。

目前的工业无线通信技术主要分为两类：一类是 ZigBee、蓝牙、Wi-Fi 等短距离通信技术；另一类是 LoRa、NB-IoT 等低功耗广域网通信技术。不同的无线技术之间是竞争与互补的关系，根据各自在组网、通信距离、功耗、安全性等方面的差异，应用于不同的工业场景。Wi-Fi 应用于固定场景和近距离，以牺牲功耗和距离为代价，具有高传输速率；普通蓝牙技术应用于固定场景和中等距离（50m 以内），具有中等传输速率；RFID 应用于固定场景，以牺牲距离、速度、交互性为代价，实现不耗电和极低成本；ZigBee 主要用于各种电子设备之间的数据传输，以及典型的有周期性数据、间歇性数据和低反应时间数据的传输，距离短、功耗低且传输速率低；LPWA 以牺牲速率为代价，应用于长距离、大容量和低功耗场景。其中，LPWA 根据其所用频段是否被授权分为两类，分别是 LoRa 技术和 3GPP 支持的 2G/3G/4G 蜂窝通信技术，如 LTE Cat-m、NB-IoT 等。

参考文献

[1] 彭勇，江常青，谢丰，等. 工业控制系统信息安全研究进展[J]. 清华大学学报（自然科学版），2012, 52(10): 1396-1408.

[2] 李煦侃. MODBUS/TCP 协议的研究与应用[J]. 科技资讯，2019, 17(2): 121-123+125.

[3] 张俊杰. 工业以太网的发展及实际组态应用[J]. 中国仪器仪表，2019(7): 59-62.

[4] 黄正勇. 现场总线技术在工业领域的应用分析[J]. 信息与电脑（理论版），2018(3): 163-165.

[5] 郝晓俊. 工业以太网实时通讯技术分析[J]. 现代工业经济和信息化，2018, 8(12): 90-91.

[6] 张强，王卫斌，陆光辉. 工业互联网场景下 5G TSN 关键技术研究[J]. 中

兴通讯技术, 2020, 26(6): 21-26.

[7] 韩成浩, 高晓红. CAN 总线技术及其应用[J]. 制造业自动化, 2010, 32(2): 146-149.

[8] 张桢, 牛玉刚. DCS 与现场总线综述[J]. 电气自动化, 2013,35(01):4-6+46.

[9] 张云贵. 信息物理融合的网络控制系统安全技术研究[D]. 哈尔滨：哈尔滨工业大学, 2015.

[10] 董林峰. TSN 网络中时间同步精度提升与可靠性研究[D]. 西安：西安电子科技大学, 2019.

[11] 缪京霖. 支持 TSN 技术的交换机系统的研究与实现[D]. 武汉：武汉邮电科学研究院, 2020.

[12] 王振力. 工业控制网络[M]. 北京：人民邮电出版社, 2012.

[13] 张国栋, 王有春. PROFINET 的实时性及其协议分析[J]. 计算机测量与控制, 2017, 25(3): 187-190.

[14] 肖博翰, 王洪武, 张东宁. 基于 EtherCAT 的控制系统从站设计[J]. 微特电机, 2020, 48(1): 60-64.

[15] 党选举, 谢桧宝, 姜辉, 等. 高集成度 EtherCAT 从站设计与多轴控制的研究[J]. 微电子学与计算机, 2018, 35(06): 97-100+105.

第3章 新兴技术使能工业互联网

3.1 边缘计算技术

3.1.1 概述

2017年,边缘计算产业联盟(ECC)发布的《边缘计算参考架构1.0》从边缘计算的位置、能力与价值等维度给出定义,指出边缘计算是在靠近物或数据源头的网络边缘侧,融合网络、计算、存储、应用核心能力的开放平台,就近提供边缘智能服务,满足行业数字化在敏捷连接、实时业务、数据优化、应用智能、安全与隐私保护等方面的关键需求。边缘计算技术的核心思想是"迁移",即把云计算平台迁移到网络边缘,并试图深度融合传统移动通信网、互联网和物联网等业务,减小在业务交付过程中端到端的时延,将网络的内在能力充分发掘出来,这对用户体验会有较大程度的提升,对电信运营商有较大影响,将为运营商的运营模式带来新的变化,并建立新型的产业链和网络生态系统。

边缘计算的价值体现在以下几个方面。

(1)海量异构设备快速接入。边缘计算能够满足海量异构设备的泛在接入和协议转换,并适应网络运维管理、灵活扩展和连接可靠性保障等需求。

(2)业务的稳定性和实时性。边缘计算将数据处理、决策分析和控制指令下沉到网络边缘侧,没有等待数据传输的时间,保证业务在实时性和稳定性方面的需求。

(3)服务响应优化。边缘计算靠近数据接收源头,无须将请求回传到远侧的云计算中心,能够实时获取数据并对数据进行处理、计算、分析,降低

了服务响应的延迟，提高了响应速度，增强了用户的体验。

（4）资源和能源效率提升。网络边缘的设备产生的海量数据，不再全部上传到云端，减轻了网络传输的负载，降低了带宽资源的消耗，也降低了数据中心的能耗压力。

（5）安全与隐私保护。边缘计算将用户的隐私数据不再上传到云端，而是存储在网络边缘的设备端，大大降低了数据在传输和云端存储过程中的泄露与篡改风险，保护了用户数据安全和隐私。

3.1.2 边缘计算参考架构

面向工业互联网的边缘计算体系架构，从部署的角度看，在生产线、车间和工厂内均能够部署边缘计算节点，逻辑节点形态可以分为边缘控制器、边缘网关和边缘云。其中，边缘控制器负责连接各种现场设备，进行协议适配和转换，统一接入边缘计算网络；边缘网关的功能包括边缘计算、过程控制、运动控制、现场数据采集、工业协议解析和机器视觉等；边缘云是部署在边缘侧的单个或多个分布式协同的服务器，提供弹性扩展的计算、网络、存储服务。

边缘计算产业联盟（ECC）2018年发布了《边缘计算参考架构3.0》白皮书，提出了边缘计算参考架构3.0，如图3.1所示。

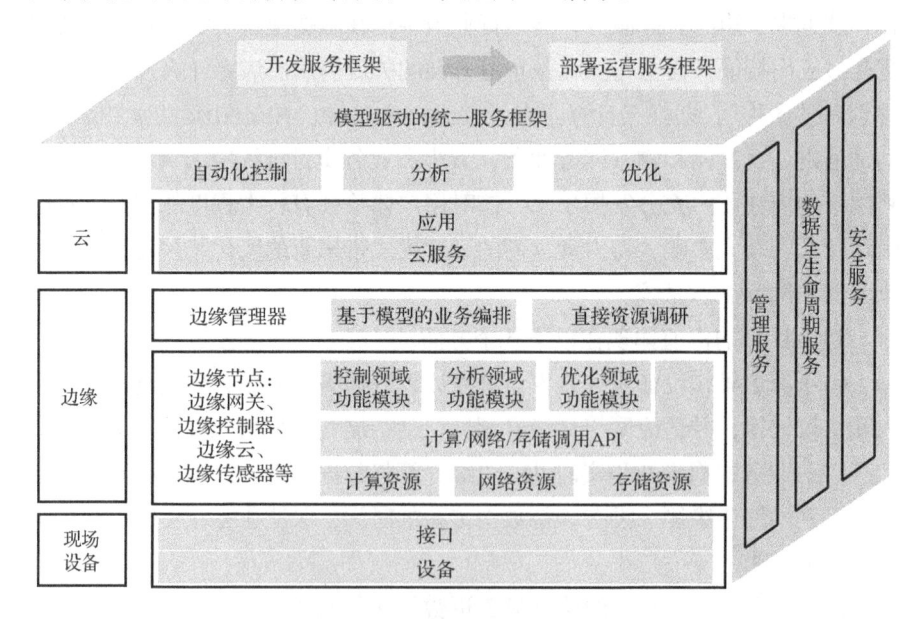

图 3.1　边缘计算参考架构 3.0

（来源：边缘计算产业联盟《边缘计算参考架构3.0》）

整个架构划分为现场设备层、边缘层和云层。边缘层位于云层和现场设备层之间，边缘层向下负责各类现场设备的接入，向上实现与云端的交互对接，起到承上启下的连接作用。

边缘层包括边缘节点和边缘管理器两个主要部分。边缘管理器的呈现核心是软件，主要功能是对边缘节点进行统一的管理。边缘节点是硬件实体，是承载边缘计算业务的核心。边缘节点根据业务侧重点和硬件特点不同，包括以网络协议处理和转换为重点的边缘网关、以支持实时闭环控制业务为重点的边缘控制器、以大规模数据处理为重点的边缘云、以低功耗信息采集和处理为重点的边缘传感器等。

边缘节点通常具有计算、网络和存储资源，边缘计算系统对资源的使用有两种方式：第一，直接将计算、网络和存储资源进行封装，提供调用接口，边缘管理器以代码下载、网络策略配置和数据库操作等方式使用边缘节点资源；第二，进一步将边缘节点的资源按功能领域封装成功能模块，边缘管理器通过模型驱动的业务编排的方式组合和调用功能模块，实现边缘计算业务的一体化开发和敏捷部署。

《离散制造业边缘计算解决方案白皮书（2019年）》给出了离散制造业边缘计算实施参考架构，如图3.2所示。边缘层负责从各现场设备采集数据，实现边缘侧人员、设备、物料、环境、业务管理等数据的统一接入、本地集中存储、边缘分析处理等，并通过对现场设备的物联集成（如生产设备、物流设备、检测设备）采集设备运行参数，将数据传送至中心云，同时实时接收中心云下发的控制指令，最终反馈至相应设备，从而实现对现场设备的数字化管理，对离散制造业的生产过程控制、工艺优化具有重要意义。

3.1.3　关键技术

边缘计算需要解决海量数据管理与处理、多源数据集成、各类设备接入、数据建模分析、资源规划分配、应用创新与集成等一系列问题，边缘计算的边缘智能、异构计算、互联互通技术、微服务与计算迁移等关键技术能够支撑这些需求，如图3.3所示。其中，边缘智能、异构计算、互联互通技术进一步提升边缘侧面向制造业的数据管理和分析能力；微服务与计算迁移技术不断提升平台资源利用效率，进一步提升边缘计算服务能力。

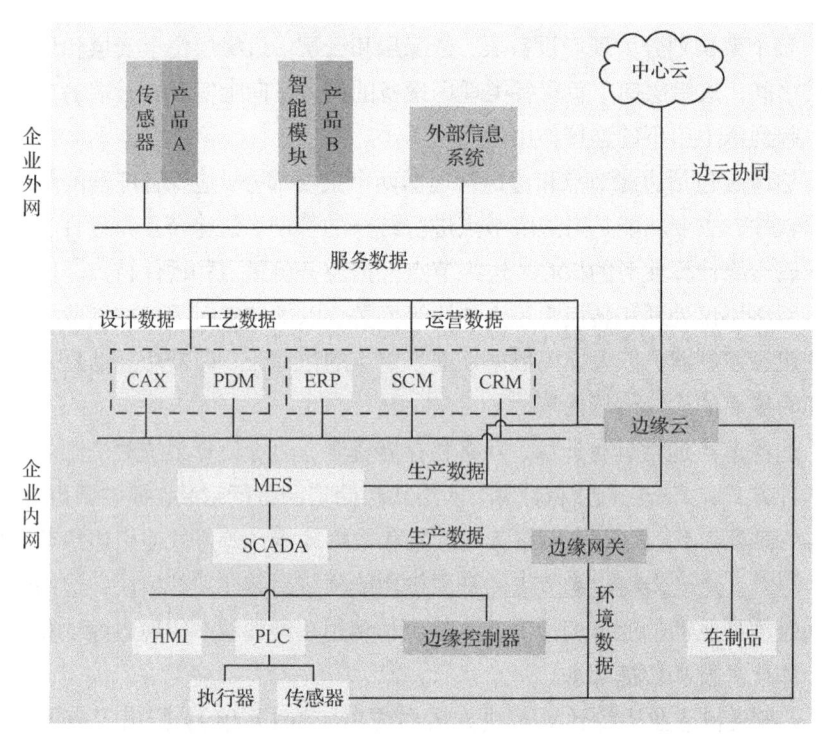

图 3.2　离散制造业边缘计算实施参考架构

（来源：《离散制造业边缘计算解决方案白皮书（2019 年）》）

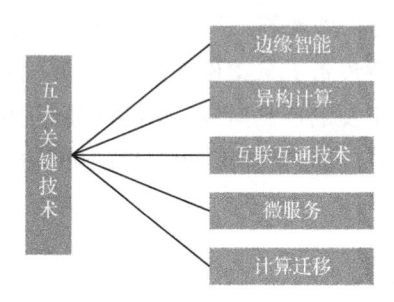

图 3.3　边缘计算的五大关键技术

1. 边缘智能

边缘智能提供了边缘侧的建模能力、数据汇聚和分析能力，是赋能制造业实现数字化转型的关键技术。边缘智能从延迟、内存占用量和能效等方面，进行边缘计算节点上智能推理加速和多节点智能训练算法的联动，完成轻量级、低时延、高效的人工智能计算框架。此外，边缘节点需要针对信息安全、

数据不出网等要求完成数据安全预处理，边缘-云数据中心协同才能开展完整的智能模型训练。以上操作配合计算机视觉、自然语言处理等智能算法模型库，和强化学习、离线分析、迁移学习等工具的组建，形成完整的边缘智能功能栈。边缘节点应用对计算和流量宽带处理存在较强依赖性。在计算方面，应用需要通过智能算法框架完成人机交互，通过编解码/加解密等算法框架进行信息预处理，通过建模算法构建专业领域的信息框架；在流量方面，边缘节点需要数据源带宽低收敛比、低时延响应的物理资源环境，以满足数据传输和交互需求。

2. 异构计算

工业互联网应用的普及给制造业带来了信息量爆炸式增长，海量的异构数据对边缘计算能力都提出了更高的要求，边缘设备在处理结构化数据的同时也要处理非结构化数据。业务与数据的多样性驱动计算的多样性是大势所趋，因此业界提出了将不同类型指令集和不同体系架构的计算单元协同起来的异构计算架构，以充分发挥各种计算单元的优势，实现性能、成本、功耗、可移植性等方面的均衡。通过异构计算对各种类型数据进行内容分析和融合处理，从海量数据中挖掘隐藏信息和有效数据，提高制造过程中各种装备状态监测的准确性。

3. 互联互通技术

OPC UA over TSN 打破了自动化金字塔的传统结构，为传感器层、控制器层到自动化软件层提供一套统一且标准的网络与通信体系，有效解决了在系统集成时用户与集成商所面临的困境。TSN+OPC UA 能够满足制造业应用的各种传输要求，支持边缘侧工业设备的联网接入，实现边缘侧的互联互通，赋予制造业生产制造系统以高度灵活性，工厂车间网络架构可以快速调整、优化，有效提升网络化协同制造与管理水平。TSN 与 OPC UA 的结合，在整体上打通了工厂各个环节的横向数据与纵向数据的透明交互，提高了配置效率，增强了程序与应用的模块化，为工业互联网边缘计算提供了有力支撑。

4. 微服务

微服务是一种开发应用软件的方法，围绕特定业务功能构建一套小型、可独立部署的服务，并且这些服务可以在服务器之间分发与复制。微服务可以有效地解决传统的 IT 行业软件存在扩展性差、可靠性不高、维护成本高、

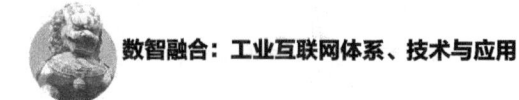

无法直接在边缘侧执行等问题。

每种应用程序都在其自己的进程中运行，并与轻量级机制进行通信，占用资源少，可以在边缘侧灵活部署。同时，这些服务的集中化管理程度大大降低，它们可以用不同的编程语言编写，并使用不同的数据存储技术，也符合边缘计算资源灵活、异构的特点。

5. 计算迁移

计算迁移通过将计算密集型应用任务迁移至资源较充足的设备中执行，实现资源合理规划利用，提升计算效率。边缘侧计算迁移通过将海量边缘设备所采集或产生的数据进行部分或全部计算的预处理操作，对无用的数据进行过滤，降低传输的带宽。同时，计算迁移根据需求及设备的当前算力等基本情况，进行动态的任务划分，合理分配边缘设备及云中心计算资源，防止计算任务迁移到处于系统任务过载状态的设备，影响计算效率。因此，它能够解决由于网络带宽等资源限制，导致的制造业生产现场海量边缘设备的数据传输、处理及计算分析需求无法满足等问题。计算迁移通过在能耗、边缘设备计算时延和传输数据量等指标之间寻找最优的平衡，不断优化资源利用率，提升离散制造业生产效率。

3.1.4 边缘计算对工业互联网的价值

工业互联网在蓬勃发展的同时也带来了诸多问题与挑战，而在工业互联网中通过引入边缘计算技术可为这些问题提供有效的解决方案，主要体现在以下几个方面（如图 3.4 所示）。

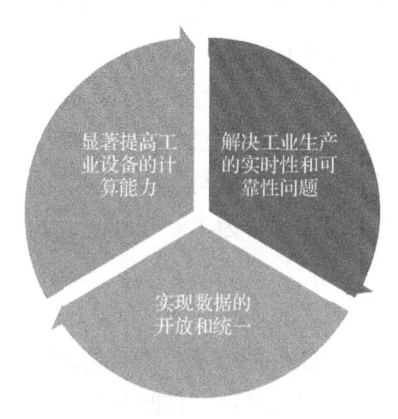

图 3.4 工业互联网的价值

（1）边缘计算可以显著提高工业设备的计算能力。换句话说，它的"现场级"计算能力能够帮助海量异构的工业设备实现各种网络通信、应用协议解析和转换，以及互联互通，引入数据抽象层应对异构网络的部署配置、管理和维护等方面的艰巨挑战，解决工业现场海量异构设备和网络引入的接入复杂性问题。

（2）边缘计算可以解决工业生产的实时性和可靠性问题。边缘计算具有不受网络传输带宽和负载影响的"本地"能力，使工业任务可在网络边缘得到就近处理与执行，避免诸如网络断开、网络抖动和时延过高等意外因素对工业生产造成影响，使工业互联网对服务的实时性和可靠性需求得到了充分满足。

（3）边缘计算可以实现数据的开放和统一。当前工厂内部的大多数工业生产设备还是"哑终端"，通常使用封闭式的软硬件一体化系统，这极大地限制了设备收集的生产过程中的数据的共享。此外，由于设备厂家的多样性，各个设备厂家的数据标准不匹配且无法相互认可，相互之间无法互信、互联、互通，数据的作用无法得到更好的发挥。而且，工业互联网对智能化生产、网络化协同、个性化定制和服务化延伸有很高的要求，而边缘计算能够满足这些要求并将采集后的海量数据进行归一化处理，按照预先定义的格式对外开放，促进数据流动和信息共享，改变了工业领域"哑终端"的状况，赋予工业转型升级"设备开放，数据共享"的新能力，实现数据的开放和统一。

3.1.5　边缘计算在工业互联网中的应用

随着制造业对高质量发展的需求不断增加，对业务时延、隐私和安全等指标的要求也进一步升级，整体作业呈现精细化、柔性化和智能化的发展趋势，这就不仅需要云计算的整体运筹，也需要边缘计算的本地实时决策职能。边缘计算在工业互联网中的应用如图 3.5 所示。

1. 生产作业优化

边缘计算可在短时间内采集产品设计、材料采购、生产制造、销售和物流等多个环节的数据，在边缘层进行数据计算和分析整理，获取各个场所的生产作业情况，对存在问题的工序或环节进行预警，无须将数据传送到云端进行计算分析，为后续环节提供实时性提示，并根据采集到的数据进行再计算和分析，为后续作业提出优化方案及改进建议。

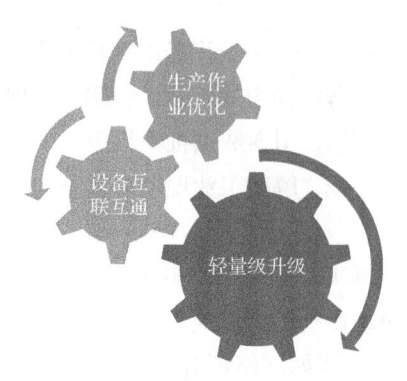

图 3.5　边缘计算在工业互联网中的应用

2. 设备互联互通

边缘计算通过运行优化调度算法，将系统间实时通信的需求和服务质量的要求转化为对 TSN 交换机和 5G 网络的配置，支持多种实时数据流传输。在保证信息安全的前提下，将支持传统接口和协议的设备接入边缘计算平台，同时通过引入数据抽象层，使得不能直接互联互通的设备可基于边缘计算进行互联互通，边缘计算的低时延性可保证设备间的实时横向通信。

3. 轻量级升级

边缘计算通过增加必要的边缘数据采集终端、边缘网关和边缘计算平台，在不对自动化装备进行大规模升级的情况下，可以有效提高制造工厂的数字化水平，加强数据在制造系统各个环节间的流通。基于边缘计算平台的微服务架构，可以将大量实时规划、设备监控、故障诊断和分析、AGV 调度等功能封装在边缘应用程序上，实现软件与硬件平台的解耦及智能应用。

3.2　工业大数据技术

3.2.1　概述

数据作为信息的载体，已经成为关键的生产要素，也是企业竞争力的重要组成部分。数据实现商业模式创新、业务流程优化、决策模式转变，从单纯的信息记录变成了巨大的价值矿藏。

工业大数据是制造业数字化、网络化、智能化发展的基础性战略资源，正在对制造业生产方式、运行模式、生态体系产生重大而深远的影响。从国

家战略考虑，亟须打造资源富集、应用繁荣、产业进步、治理有序的工业大数据生态体系，推动大数据与制造业深度渗透融合，赋能工业高质量发展。

在中国电子技术标准化研究院等单位联合编制的《工业大数据白皮书》中给出了工业大数据的定义："工业大数据是指在工业领域中围绕典型智能制造模式，从客户需求到销售、订单、计划、研发、设计、工艺、制造、采购、供应、库存、发货和交付、售后服务、运维、报废或回收再制造等整个产品全生命周期各个环节所产生的各类数据及相关技术和应用的总称。工业大数据以产品数据为核心，极大地延展了传统工业数据范围，同时还包括工业大数据相关技术和应用。"

工业大数据主要包括三类：第一类是企业运营管理相关的业务数据，此类数据是工业企业传统意义上的数据资产，包括企业资源计划（ERP）、产品生命周期管理（PLM）、供应链管理（SCM）、客户关系管理（CRM）和能耗管理系统（EMS）等企业信息化数据；第二类是制造过程数据，主要是指工业生产过程中，装备、物料及产品加工过程的工况状态参数、环境参数等生产情况数据，通过 MES 系统实时传递，目前在智能装备大量应用的情况下，此类数据量增长最快；第三类是企业外部数据，包括工业企业产品售出之后的使用、运营情况的数据，同时还包括大量客户名单、供应商名单、外部的互联网等数据。

工业大数据技术是使工业大数据中所蕴含的价值得以挖掘和展现的一系列技术与方法，包括数据规划、采集、预处理、存储、分析挖掘、可视化和智能控制等。工业大数据技术的研究与突破，其本质目标就是从复杂的数据集中发现新的模式与知识，挖掘得到有价值的新信息，从而促进制造型企业的产品创新，提升经营水平和生产运作效率，拓展新型商业模式。

3.2.2　工业大数据参考架构

工业大数据参考架构以工业大数据的全生命周期为主线，从纵向维度分为平台/工具域和应用/服务域。平台/工具域主要面向工业大数据采集、存储管理、分析等关键技术，提供多源、异构、高通量、强机理的工业大数据核心技术支撑；应用/服务域基于平台域提供的技术支撑，面向智能化设计、网络化协同、智能化生产、智能化服务、个性化定制等多场景，通过可视化、应用开发等方式，满足用户的应用和服务需求，形成价值变现。工业大数据技术的参考架构如图 3.6 所示。

```
应用/服务  ┌─ 数据应用 ────────────────────────────┐    运维管理
         │   数据可视化        数据应用开发        │    
         └──────────────────────────────────────┘    用户管理
         ┌─ 数据服务 ────────────────────────────┐    
         │   数据访问服务      数据分析服务        │    多用户管理
         └──────────────────────────────────────┘    
平台/工具 ┌─ 数据分析 ────────────────────────────┐   资源管理
         │ 分析模型管理 可视化分析编排 分析作业管理  │
         │ 通用/工业专用算法库  分析服务发布        │   权限管理
         │ 并行计算技术  数据科学计算技术  流计算技术│
         └──────────────────────────────────────┘   灾备
         ┌─ 数据存储与管理 ──────────────────────┐
         │ 数据模型管理 数据质量管理 数据资产管理   │   日志
         │ 数据安全管理 数据共享管理               │
         │ 时序数据存储技术 非结构化数据存储技术     │
         │ 结构化数据存储技术                     │
         └──────────────────────────────────────┘
         ┌─ 数据采集 ────────────────────────────┐
         │ 工业时序数据采集与治理 非结构化数据采集与治理│
         │ 结构化数据采集与治理                   │
         └──────────────────────────────────────┘
```

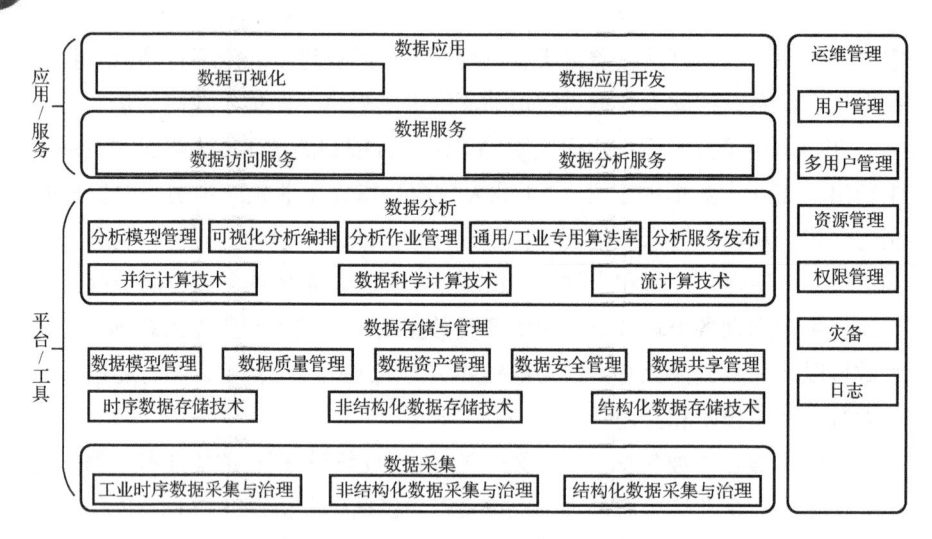

图 3.6　工业大数据技术的参考架构

（来源：《工业大数据白皮书》）

数据采集层，包括工业时序数据采集与治理、结构化数据采集与治理和非结构化数据采集与处理。前置性数据治理组件与高性能时序数据采集系统主要针对海量工业时序数据 7×24 小时持续发送，存在峰值和滞后等波动，以及数据质量问题。针对结构化与非结构化数据，需要构建同时兼顾可扩展性和处理性能的数据采集系统。

数据存储与管理层，包括大数据存储技术和管理功能。利用大数据分布式存储的技术，构建在性能和容量上都能线性扩展的数据存储。同时，结合工业大数据在数据建模、资产沉淀、开放共享等方面的特殊需求，构建数据模型管理、数据质量管理、数据资产管理、数据安全管理和数据共享管理技术体系。

数据分析层，包括基础大数据计算技术和大数据分析服务功能。其中，基础大数据计算技术包括并行计算技术、流计算技术和数据科学计算技术。通过在基础大数据计算技术上构建完善的大数据分析服务功能来管理和调度工业大数据分析，通过数据建模、数据计算、数据分析形成知识积累，以实现工业大数据面向生产过程智能化、产品智能化、新业态新模式智能化、管理智能化，以及服务智能化等领域的数据分析。

数据服务层利用工业大数据技术对外提供服务功能，包括数据访问服务和数据分析服务。数据服务层通过提供平台各类数据源与外界系统和应用程

序的访问共享接口，实现工业大数据平台的各类原始数据、加工数据和分析结果数据与数据应用和外部系统的对接集成。

数据应用层，通过可视化技术，将数据以更为直观简洁的方式展示出来，易于用户理解分析，提高决策效率。同时，通过生成不同的应用，实现典型的智能制造模式，并将结果以规范化数据形式存储下来，最终构成企业协同运营管理的持续优化闭环。

运维管理层是工业大数据技术参考架构的重要组成，贯穿从数据采集到最终服务应用的全环节，为整个体系提供管理支撑和安全保障。

3.2.3 关键技术

工业大数据关键技术涵盖数据采集、存储、处理、分析等多方面的技术，根据工业大数据的处理过程，可将其分为工业大数据采集技术、工业大数据存储与管理技术、工业大数据分析技术，如图 3.7 所示。

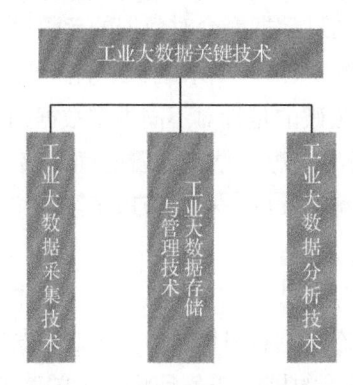

图 3.7 工业大数据关键技术

1. 工业大数据采集技术

数据采集是获得有效数据的重要途径，是工业大数据分析和应用的基础。工业大数据分析往往需要更精细化的数据，对数据采集能力有着较高的要求，同时还需要在数据采集过程中自动进行数据实时处理。

针对海量工业设备产生的时序数据，需要面向高吞吐量、7×24 小时持续发送，且可容忍峰值和滞后等波动的高性能时序数据采集系统。针对结构化与非结构化数据，需要同时兼顾可扩展性和处理性能的实时数据同步接口与传输引擎。针对仿真等过程中非结构化的数据具有文件结构不固定、文件数量巨大的特点，需要元数据自动提取与局部优化存储策略，面向读、写性能

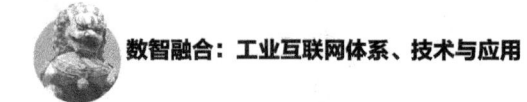

优化的非结构化数据采集系统。

在工业大数据中，数据质量问题一直是许多企业所面临的挑战，这主要受制于工业环境中数据获取手段的限制，因此需要在实时数据过程中对数据质量进行监测、分析和处理，尽可能在源头消除问题。

2．工业大数据存储与管理技术

针对工业大数据具有多样性、多模态、高通量和强关联等特性，工业大数据存储与管理技术应具备面向高吞吐量存储、数据压缩、数据索引、查询优化和数据缓存等能力。工业大数据存储与管理技术包括多源异构数据高效管理技术和多模态数据集成技术。

1）多源异构数据高效管理技术

工业场景中存在大量数据源不同、数据类型不同的多源异构数据，为使这些多源异构数据各自发挥其价值，不仅需要高效的存储管理优化与异构的存储引擎，还需要能够通过数据融合对数据的元数据定义和高效查询与读取进行优化，实现多源异构数据的一体化管理，从而最大限度地获取数据价值。多源异构数据管理需要突破的是针对不同类型数据的存储与查询技术，并在充分考虑多源异构数据的来源和结构随着时间推移不断增加与变化的特定情况下，研究如何形成可扩展的一体化管理系统。

2）多模态数据集成技术

工业大数据存在数据格式异构、语义复杂且版本多变等问题，多模态数据集成技术能够将多模态数据有机地结合在一起，发挥出单一模态数据无法挖掘出的价值。数据集成的核心任务是将互相关联的多模态数据集成到一起，使用户能够以透明的方式访问这些数据源。

3．工业大数据分析技术

由于工业大数据具有实时性高、数据量大、密度低、数据源异构性强等特点，因此工业大数据的分析需要融合工业机理模型，以"数据驱动+机理驱动"的双驱动模式来进行工业大数据的分析，从而建立高精度、高可靠性的模型来真正解决实际的工业问题。因此，工业大数据分析的特征是强调专业领域知识和数据挖掘的深度融合。工业大数据分析技术主要包括时序模式分析技术、工业知识图谱技术、多源数据融合分析技术。

1）时序模式分析技术

伴随着工业技术的发展，工业企业的工业设备上都加装了大量的传感器，如温度传感器、振动传感器、压力传感器、位移传感器、重量传感器等，这些传感器不断产生海量的时序数据，提供相关的信息。对这些设备传感器时序数据进行分析，可实现设备故障预警和诊断、利用率分析、能耗优化、生产监控等。但传感器数据的很多重要信息隐藏在时序模式结构中，只有挖掘出背后的结构模式，才能构建一个效果稳定的数据模型。

2）工业知识图谱技术

知识图谱也称知识域可视化或知识领域映射地图，是显示知识发展进程与结构关系的一系列各种不同的图形，用可视化技术描述知识资源及其载体，挖掘、分析、构建、绘制和显示知识及它们之间的相互联系。工业生产过程中会积累大量的日志文本，如维修工单、工艺流程文件、故障记录等，此类非结构化数据中蕴含着丰富的专家经验，工业知识图谱技术利用文本分析的技术实现事件实体和类型提取、事件线索抽取，通过专家知识的沉淀实现专家知识库（故障排查知识库、运维检修知识库、设备操作知识库）。基于知识图谱技术构建的工业知识图谱，将知识图谱与结构化数据图语义融合，实现灵活查询和简单推理。

3）多源数据融合分析技术

在企业生产经营、营销推广、采购运输等环节中，会有大量的管理经营数据，其中包含着众多不同来源的结构化和非结构化数据，不同数据源的数据质量和可信度差异，造成不同业务场景下数据的表征能力不同，需要一些技术手段去有效融合多源数据。通过对这些数据的分析，能够极大地提高企业的生产加工能力、质量监控能力、企业运营能力、市场营销能力、风险感知能力等。但多源数据也带来一定的技术挑战，不同数据源的数据质量和可信度存在差异，并且在不同业务场景下的表征能力不同。多源数据融合分析技术通过不同的算法对不同的数据源进行独立的分析，并通过对多个分析结果的统计决策或人工辅助决策，实现多源融合分析。

3.2.4 工业大数据对工业互联网的价值

工业大数据是工业互联网的关键要素，工业互联网是工业大数据的价值载体，从工业大数据中提炼的各种隐含知识及经验，对于工业互联网提升决策质量、发现因果关系、优化分析效率及准确性等具有决定性作用。因此，

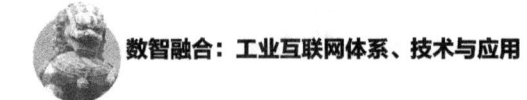

发展工业大数据,对于工业互联网的深化运用、实质落地和价值体现,发挥着决定性作用。

(1)工业大数据为新工业革命提供基础动力。随着新一代信息技术的深入发展,人与人互联、机器与机器互联、人与机器互联的程度不断提高,互联互通的时代加速到来,制造业迈入数据驱动的新阶段。机器的数字化、网络的泛在化、计算的服务化,为海量工业大数据提供了适宜的生长环境,基于大数据的创新已成为新工业革命的主要推动力。

(2)工业大数据提升制造智能化水平,推动中国工业高质量发展。工业大数据作为提升智能制造的重要手段,可以提升产品质量、提高生产效率、降低能源消耗、节约生产和运营成本,实现生产方式从粗放型向精细型转变。

(3)工业大数据支撑工业互联网发展,促进中国工业转型升级。从产业角度看,工业大数据是制造业实现要素驱动向创新驱动转型的重要抓手。工业大数据带来的市场和竞争态势感知、知识重用、高效协同等能力,增强了产业链对市场把握、产品研发、物流供应的资源优化配置。从企业角度看,工业大数据帮助工业企业加强生产全过程的自动化和智能化控制,建立产品全生命周期质量数据模型,实现多源大数据分析和挖掘是工业企业实现从生产制造向服务运营转型的关键着力点。

3.2.5 工业大数据的应用场景

工业大数据作为重要的智能赋能技术,已经成为工业企业提升生产效率、核心竞争力、业务/应用创新能力的关键,逐渐应用于工业企业内部和产业链的各个环节,如研发设计、采购供应、生产制造、装配、物流、销售、使用、维护、报废等,加速工业企业数字化、网络化、智能化转型升级。

工业大数据在工业互联网中的典型应用场景包括工业互联网智能化生产、网络化协同制造、个性化定制、服务化延伸等工业互联网新模式场景的支撑,如图 3.8 所示。

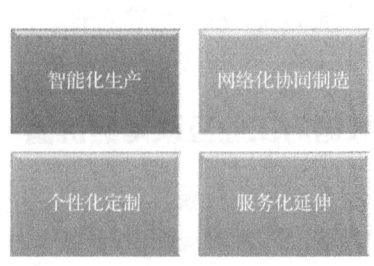

图 3.8 工业大数据的应用场景

（1）在智能化生产方面，通过采集和汇聚设备运行状态数据、流程工艺参数、质量检测数据、物流配送数据和进度管理数据等生产现场数据，在制造工艺、生产流程、质量管理、设备维护、能耗管理、复杂产线设备健康管理等场景进行大数据分析和挖掘，实现生产过程优化，推动产品制造的柔性、高质、高效、安全、低耗，驱动生产过程的智能化升级。

（2）在网络化协同制造方面，基于工业大数据，驱动制造全生命周期从设计、制造到交付、服务、回收各个环节的智能化升级，降低了创新资源、生产能力、市场需求的集聚成本和难度，提高了对接效率，提升了产业链上下游的资源整合能力，最终推动制造全产业链智能协同、优化生产要素配置和资源利用，消除低效中间环节，促进了全社会多元化制造资源的高效协同，整体提升制造业发展水平和世界竞争力。

（3）在个性化定制方面，企业通过外部平台采集客户个性化需求数据，基于工业大数据构建的需求转化机制，与工业企业生产数据、外部环境数据相融合，建立个性化产品模型，将产品方案、物料清单、工艺方案通过制造执行系统快速传递给生产现场，进行生产线调整和物料准备，快速生产出符合个性化需求的定制化产品。

（4）在服务化延伸方面，通过传感器和工业大数据分析技术，对产品使用过程中的自身工作状况、周边环境、用户操作行为等数据进行实时采集、建模、分析，从而实现在线健康检测、故障诊断预警等服务，催生支持在线租用、按时付费等新的服务模型，创造产品新的价值，实现制造企业的服务化转型。

3.3 人工智能技术

3.3.1 概述

人工智能是研究、开发用于模拟、延伸和扩展人的智能的理论、方法、技术及应用系统的一门新的技术科学。从狭义上讲，人工智能是用机器不断感知、模拟人类思维过程，使机器达到甚至超越人类的智能。从广义上讲，人工智能是以实现人造智能活动为目的的所有技术和应用的统称，涵盖计算机视觉、自然语言理解与交流、语音识别与生成、机器学习等学科。自学习、自组织、自适应、自行动通常被认为是人工智能的特点。

从人工智能概念诞生至今，人工智能技术从以一些特定形态应用于解决特定的工业问题，到系统性地应用于工业领域，大致经历了以规则型专家系统为代表的萌芽期、以基于统计的传统机器学习为引领的渗透期、以基于复杂计算的深度学习为导向的发展期三个阶段。

工业互联网的智能化发展成为世界范围内各国的广泛共识和争先抢占的价值高地。全球主要发达国家纷纷从技术创新和产业应用双侧发力，推动人工智能和工业互联网融合发展。我国政府分别颁布了《智能制造发展规划（2016—2020年）》《国务院关于深化"互联网+先进制造业"发展工业互联网的指导意见》等一系列政策，将人工智能技术作为制造业发展的新引擎，助力制造业高质量发展。在《新一代人工智能发展规划》《促进新一代人工智能产业发展三年行动计划（2018—2020年）》等文件中，将制造业列为人工智能的重点领域，积极推动人工智能示范应用落地，促进数字经济和实体经济的深入融合。

计算能力的不断提升、数据爆发式增长、机器学习的算法持续进步，推动新一代人工智能快速发展。传统产业数字化、网络化、智能化转型给人工智能带来了广阔的应用前景和巨大的历史机遇。

在"设备上云，流程上云"的推动下，工业数据呈现爆炸式增长，以数据驱动制造业智能化进程不断加速。以深度学习、知识图谱为代表的新一轮人工智能技术广泛应用于工业互联网领域，从根本上提升了系统建模和处理复杂性、不确定性等问题的能力，为制造业高质量发展注入新动能，催生服务创新、流程创新、产品创新和模式创新。

3.3.2 关键技术

现如今，人工智能已经逐渐发展成一门庞大的技术体系，在人工智能领域，它普遍包含了机器学习和知识图谱等多个领域的技术，如图3.9所示。

1．机器学习

机器学习是一门多领域交叉学科，涉及计算机科学、脑科学、统计学等诸多领域，以及系统辨识、逼近理论、神经网络、优化理论等诸多理论。机器学习通过设计和分析一些让计

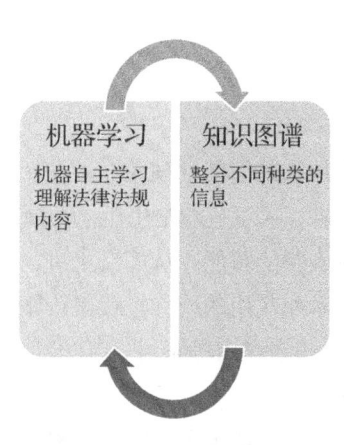

图3.9 人工智能关键技术

算机可以自动"学习"的算法，研究计算机怎样模拟和实现人类的学习行为，以获取新的知识或技能，并重新组织已有的知识结构，使之不断改善自身的性能。机器学习是人工智能的核心，是使计算机具有智能的根本途径。

机器学习主要靠大量的数据训练，依靠大量的实践总结出事物的规律，获取直接知识。从人类获取知识的历程来看，机器学习还处于发展的初级阶段，相当于人从大量的实践活动中总结经验、提炼知识的阶段，还未进入从知识产生知识的阶段。近年来，机器学习也出现了直接获取少量规律性的知识，并应用于实践的模式，特别是深度学习逐渐成为人工智能领域的研究热点和主流发展方向，极大地提升了图像分类技术、语音识别技术、机器翻译技术等其他相关技术的能力。机器学习应用领域十分广泛，如数据挖掘、数据分类、计算机视觉、生物特征识别、搜索引擎、医学诊断和机器人运用等。

2. 知识图谱

知识图谱是一种用图模型来描述知识和对世界万物之间的关联关系建模的技术方法，它把复杂的知识领域通过数据挖掘、信息处理、知识计量和图形绘制而显示出来，揭示知识领域的动态发展规律，为学科研究提供切实的、有价值的参考。知识图谱是一种基于图的数据结构，其本质是一个有向图结构的知识库，是一种揭示实体或概念之间关系的语义网络，其中图的节点代表实体或概念，图的边代表实体/概念之间的各种语义关系。

大多数的知识图谱都采用自底向上的方式进行构建，通常包括知识抽取、知识融合和知识加工。知识抽取主要依靠概念层次学习、机器学习的方法对半结构化和非结构化数据进行处理而实现，包括实体抽取、关系抽取和属性抽取；知识融合主要依靠异构知识库利用语义集成方式实现；知识加工指对融合后的新知识进行进一步加工，实现质量评估。

以知识图谱为代表的认知科学，主要面向已知的工业知识，解决全局性、行业性问题，即依靠已知的要素之间的相互关系推理得到相应问题的答案，适合供应链风险管理和融资风险管控等场景。

3.3.3 人工智能对工业互联网的价值

人工智能技术作为工业互联网创新的基础设施，贯穿工业各领域、环节、产品中，支撑物理世界和数字世界之间的融合渗透，创造新价值和催生新模式。人工智能技术从纵向升级和横向融合两个维度为工业互联网各类场景提

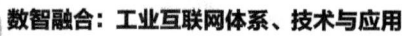

供基础支撑。在纵向上升级，推动传统的以人为主的决策向以机器或系统自主学习和决策方向转变，为工业互联网实现快速精准决策和动态高效优化提供技术手段；在横向上融合，助力工业知识发现和数据价值挖掘与释放，为泛在化人工智能体系的快速成形提供重要支撑。如图 3.10 所示，人工智能对工业互联网发展发挥的作用和价值主要体现在以下几个方面。

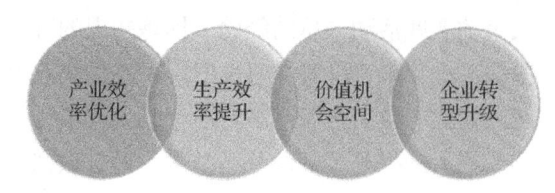

图 3.10 人工智能对工业互联网的价值

（1）从产业效率优化角度，人工智能通过与制造业不同环节和场景的融合，可以带来研发设计优化、生产制造优化、生产管理优化、质量控制优化、供应链优化和经营管理优化。

（2）从生产效率提升角度，人工智能可以应用于执行敏捷性和适应性的复杂工作，将人类从繁重、危险的工作中解放出来，提高制造业的自动化程度，帮助制造企业降低停产风险。人工智能可以通过市场的供求现状和预测信息，提升需求侧和供给侧的精准匹配，提高生产柔性化水平。人工智能可以对生产线各个环节进行全面实时监控，提高产品质量控制的能力和效果，促进产品良品率的有效提高。

（3）从价值机会空间角度，人工智能针对"可见可解决"问题，实现代替人完成常规或特定的、重复性高且单调的工作，如基于深度学习模型的辅助品质核查；面向"可见可避免"问题，完成人类可做但做得不够好的工作，如基于环境上下文的动态感知与规划；在"不可见"的问题领域，实现对"不可见"问题的预测和解决，如制造设备的预测性维护。人工智能在制造业的终极目标是实现"不可见"问题的预测，并提前采取应对措施避免问题发生，达到制造系统的无忧化。

（4）从企业转型升级角度，人工智能助力劳动密集型制造企业控制和降低人力成本，以及人为操作引入的品质不确定性；帮助资本密集型制造企业实现低成本条件下的定制化柔性生产；促进技术引领型制造企业降低技术研发风险，提高研发成功率，缩短研发周期；推动市场变动型制造企业实现基于精准市场预测的快速市场响应，抢抓市场机会。

3.3.4 人工智能在工业互联网领域中的应用

人工智能在工业互联网领域的应用主要面向无法解决的复杂问题和无法预测的不确定性问题。例如，传统工业物理机理、模型机理和专家经验的知识表达范式，基于工业机理的数据驱动表示学习方法，面向全产业链协同工作流的情境自适应知识索引、推理、推荐、可视交互决策技术，以及工业知识抽取与推理引擎等。最终实现为工业企业提供对海量工业数据全面感知，端到端的数据深度集成与建模分析，抽取大量工业机理并完成表征学习，逐步构建工业领域知识模型，形成开放环境复杂制造过程智能监测与调度方法技术体系，全面提供工业企业的运行效率，推动工业智能化的整体发展。

人工智能在工业互联网中的应用场景包括智能机器、预测性维护、智能运营、工业知识图谱、产业链金融和工业企业软件人工智能化。智能机器实现人工辅助操作到无人化操作，实现人力的解放。预测性维护指基于数据挖掘和深度学习建立动态的机器健康模型（故障诊断模型、异常报警模型和寿命预测模型等）。智能运营是人工智能支撑下的工业工艺流程优化和复杂决策的智能化。工业知识图谱是以结构化的形式描述工业领域设计、仿真、工业和维修等概念及其关系的集合，将工业知识和知识之间的关系转变成机器可理解的结构化网络。产业链金融是借助生产设备运行数据采集、机器训练的模型与金融融合创造新的商业模式。工业企业软件的人工智能化指传统工业企业软件（如 CRM、ERP 和 MES）的智能化升级。

3.4 数字孪生技术

3.4.1 概述

数字孪生（Digital Twin）是充分利用物理模型、传感器更新、运行历史等数据，集成多学科、多物理量、多尺度、多概率的仿真过程，在虚拟空间中完成映射，从而反映对应实体装备的全生命周期过程。数字孪生是一种超越现实的概念，可以被视为一个或多个重要的、彼此依赖的装备系统的数字映射系统。

数字孪生以数字化方式复制一个物理对象，模拟该对象在现实环境中的行为，对产品、制造过程乃至整个工厂进行虚拟仿真，目的是了解资产的状态，响应其变化，改善业务运营和增加价值。在万物互联的时代，此种软件设计模式的重要性尤为突出。

在工业互联网概念出现之前，数字孪生的概念还只停留在软件环境中，比如几何建模的 CAD 系统、产品生命周期管理的 PLM 等。但随着工业互联网的出现，网络的连通效用使得各个数字孪生在设备资产管理、产品生命周期管理和制造流程管理中开始发生关联，互相补充。

随着工业互联网的应用推进，数字孪生被赋予了新的生命力，工业互联网延伸了数字孪生的价值链条和生命周期，凸显数字孪生基于模型、数据、服务方面的优势和能力，打通了数字孪生应用和迭代优化的现实路径，正成为数字孪生的孵化床。数字孪生作为信息物理系统落地的应用技术框架，逐步成为智能制造的一个基本要素，得到了学界和工业界的普遍关注。

3.4.2 技术架构

数字孪生系统包括用户域、数字孪生体、测量与控制实体、现实物理域和跨域功能实体共五个层次，如图 3.11 所示。

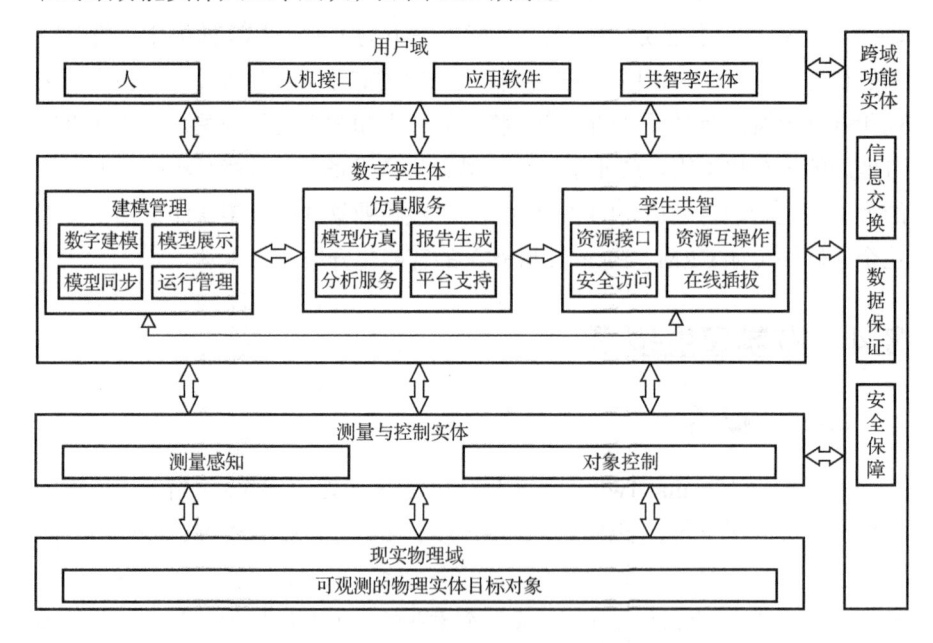

图 3.11 数字孪生系统统一参考架构

（来源：《数字孪生体技术白皮书》）

第一层（最上层）是使用数字孪生的用户域，包括人、人机接口、应用软件和共智孪生体。

第二层是与物理实体目标对象对应的数字孪生体。它是反映物理对象某一视角特征的数字模型，并提供建模管理、仿真服务和孪生共智三类功能。建模管理涉及物理对象的数字建模与模型展示，以及与物理对象模型同步和运行管理。仿真服务包括模型仿真、分析服务、报告生成和平台支持。孪生共智涉及共智孪生体等资源的接口与互操作，以及在线插拔和安全访问。建模管理、仿真服务和孪生共智之间传递实现物理对象的状态感知、诊断和预测所需的信息。

第三层是连接数字孪生体和物理实体的测量与控制实体，实现物理对象的状态感知和控制功能。

第四层是与数字孪生体对应的物理实体目标对象所处的现实物理域。测量与控制实体和现实物理域之间有测量数据流和控制信息流的传递。

测量与控制实体、数字孪生体，以及用户域之间的数据流和信息流动传递，需要信息交换、数据保证、安全保障等跨域功能实体的支持。信息交换实体通过适当的协议实现数字孪生体之间交换信息。安全保障实体负责数字孪生系统安保相关的认证、授权、保密和完整性。数据保证与安全保障实体一起负责数字孪生系统数据的准确性和完整性。

3.4.3 关键技术

数字孪生下的物理实体、虚拟模型、孪生数据、智能服务与连接等子模块需要多种技术支持，如认知和控制辅助技术、建模支持技术和数据管理技术，如图3.12所示。

1. 认知和控制辅助技术

物理世界中各个实体之间存在复杂的属性连接（包括显式的和隐式的）。虚拟模型的创建基于物理世界中的实体的关键内部交互联系逻辑和其与外部的关系。这样一个反映真实物理世界的虚拟模型，构建起来较为复杂。首先需要对物理世界内部、外部联系有充分的理解和认知。要创建高保真模型，必须物理世界有一个充分的认知并能充分对数据进行解读，为此要求使用新技术来更好地感知物理世界。复杂的数字孪生系统通过不断提取实时传感器和

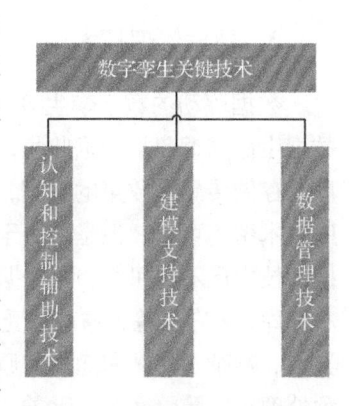

图3.12 数字孪生关键技术

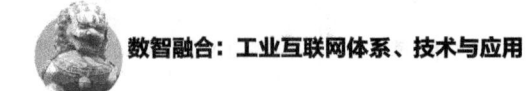

大量的多源、异构数据系统的数据。针对提取的数据，大数据分析提供了一种了解物理世界的新方法，通过大数据分析可以从复杂数据现象中找到有价值的信息。在对数据进行充分分析后，在对物理实体有了充分理解的基础上，当实体世界中的实体执行预期的行为时，通过控制系统控制驱动其执行器以准确完成指定的动作，而这样的驱动实体过程涉及动力技术、驱动技术和控制技术。

2. 建模支持技术

建模可以说是数字孪生的基石，它为系统的前期设计、分析、装配加工、质量检查、生产管理等提供了有效的信息联系表征方法。与孪生相关的建模涉及几何建模、物理建模、行为建模和规则建模。建模针对多目标和完整性能进行优化，以达到高精度、高可靠性并重现动态和静态特性。此外，结合历史数据的使用，各种模型（如结构分析模型、热力学模型、产品故障模型，以及寿命预测和分析模型等）可以通过贝叶斯、机器学习算法等逐步优化。当前的建模技术着重于几何和物理模型的构建，缺少可以从不同空间比例的不同粒度表示行为、特征和规则的"多空间比例模型"，同时缺少可以表征不同时间尺度的物理实体的动态过程"多时间尺度模型"。从系统角度来看，集成具有不同维度、不同空间比例和不同时间比例的各种模型仍然是一个挑战。

3. 数据管理技术

数据驱动的数字孪生可以感知、响应并适应不断变化的外部环境。整个数据生命周期包括数据收集、传输、存储、处理、融合和可视化。数据存储用于存储传感器收集的数据，以进行进一步的处理与分析。数据存储与数据库技术密不可分。但是，由于多源数据的数量和异构性不断增加，传统的数据库技术已不再可行，大数据存储技术，如分布式文件存储（DFS）、NoSQL数据库、云存储等，越来越受到关注。在数据处理阶段，需要从大量不完整、异构、嘈杂、模糊和随机的原始数据中提取有用的信息。首先，对数据进行预处理，以删除冗余、无关、干扰、重复和不一致的数据。相关技术包括数据清洗、数据压缩、数据平滑、数据约简、数据转换等。此外，深度学习为处理和分析海量数据提供了先进的分析技术。数据融合通过合成、过滤、关联和集成来应对多源数据。数据融合包括原始数据级融合、特征级融合和决策级融合。数据融合方法包括随机方法和人工智能。随着数据量的不断增加，现有数据技术必将发展。

3.4.4 数字孪生对工业互联网的价值

随着新一代信息技术与实体经济的加速融合,工业数字化、网络化、智能化演进趋势日益明显,催生了一批制造业数字化转型新模式、新业态。其中,数字孪生日趋成为产业各界的研究热点,美国工业互联网联盟将数字孪生作为工业互联网落地的核心和关键,德国工业 4.0 参考架构将数字孪生作为重要内容,数字孪生有望成为引领数字化转型的重要抓手,对工业互联网发展具有重大意义。

(1)数字孪生缓解和解决工业信息孤岛问题,为全局优化决策提供重要支撑。现阶段工业生产中信息源由不同组织开发和维护,常常导致整个实体生命周期中的信息流中断,且呈现多源异构、异地分散的特征,极易形成信息孤岛,影响数字顺畅流动和信息自动流通。数字孪生技术利用每个孪生体为代理,收集对应实体数据,利用不同模型进行计算分析决策,通过集成接口提供给不同业务领域的特定应用,保障生命周期信息流通,实现全局优化决策,降低了工厂全生命周期的运营和维护成本。

(2)数字孪生提供单一接口,为实体全生命周期信息流畅提供重要保障。实体的孪生体是访问其生命周期信息的单一接口。产品制造商在数字空间中,构建产品类型的孪生体,包含市场分析、计算机辅助设计图纸、设计文档;构建产品的孪生体,在其中包含产品生产信息,从客户那收集的维保信息等;产品类型孪生体和产品孪生体构成复合产品孪生体,为产品制造商提供所有信息的单一接口。

(3)数字孪生能为工业应用带来巨大商业价值。一是数字孪生与人工智能、机器学习互为基础,协同发展。二是数字孪生促进高精度虚拟传感器研发,解决关键物理量无法测量问题。基于机理模型的数字孪生体充当物理量测量的代理,也通过分析和仿真进行行为的预测。三是数字孪生助力传感器失灵漂移矫正,提高感知精度和质量,避免误报警、误停机等事故。四是数字孪生减少信息查询、格式转换、信息导入时间,简化了整个生命周期各个阶段的协同工程。五是数字孪生解决运维问题,减少宕机时间及宕机所造成的经济损失。六是数字孪生借助实时更新,有效避免过时信息造成的生产错误,实现生产提质增效。七是数字孪生不受时间和空间限制,能够快速准确响应,最大化利用专家知识。由此可见,数字孪生提供了系统的方法、技术和工具来描述复杂的物理和逻辑环境,并可以进行有效的监视、诊断、预测和指导物理与逻辑实体的活动。

3.4.5 数字孪生在工业互联网领域中的应用

数字孪生在工业互联网领域的主要应用有产品研发、工艺规划、生产过程管理、设备维护与故障预测等，如图 3.13 所示。

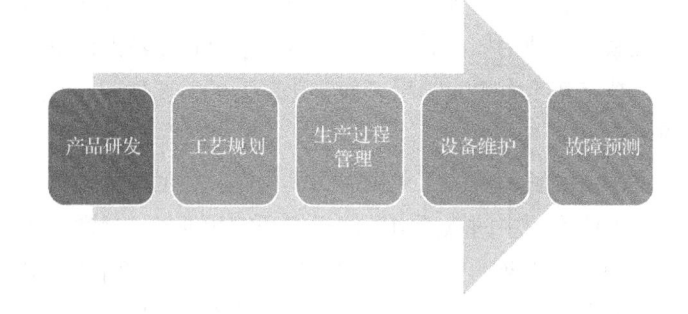

图 3.13 数字孪生在工业互联网领域中的应用

1．产品研发

传统的研发主要采用纸张、3D CAD 等主要的产品设计工具，它建立的虚拟模型是静态的，物理对象的变化无法实时反映在模型上，也无法与原料、销售、市场、供应链等产品生命周期数据打通。在对新产品进行技术验证时，要将产品生产出来，进行重复多处的物理实验，才能得到有效的数据。传统的研发设计具有研发周期长，成本造价高昂的特点。

数字孪生突破物理条件的限制，帮助用户了解产品的实际性能，以更少的成本和更快的速度迭代产品与技术。数字孪生技术不仅支持三维建模，实现无纸化的零部件设计和装配设计，还能取代传统的通过物理实验取得实验数据的研发方式，用计算、仿真、分析的方式进行虚拟实验，从而指导、简化、减少甚至取消物理实验。用户利用结构、热学、电磁、流体和控制等仿真软件模拟产品的运行状况，对产品进行测试、验证和优化。数字孪生不仅缩短了产品的设计周期，提高了产品研发的可行性、成功率，减少危险，大大降低了试制和测试成本。

2．工艺规划和生产过程管理

随着产品制造过程越来越复杂，多品种、小批量生产的需求越来越强，企业对生产制造过程进行规划、排期的精准性和灵活性要求，以及对产品质量追溯的要求也越来越高。大部分企业信息系统之间的数据未打通，依赖人

工进行排期和协调。数字孪生技术可以应用于生产制造过程从设备层、产线层到车间层和工厂层等不同的层级，贯穿于生产制造的设计、工艺管理和优化、资源配置、参数调整、质量管理和追溯、能效管理、生产排程等各个环节，对生产过程进行仿真、评估和优化，系统地规划生产工艺、设备、资源，并能利用数字孪生的技术，实时监控生产工况，及时发现和应对生产过程中的各种异常和不稳定性，日益智能化实现降本、增效、保质的目标和满足环保的要求。在离散行业中，数字孪生在工艺规划方面的应用着重于生产制造环节与设计环节的协同；在流程行业中，要求通过数字孪生技术对流程进行机理或者数据驱动的建模。

3. 设备维护与故障预测

在传统的设备运维模式下，当设备发生故障时，要经过"发现故障—致电售后服务人员—售后到场维修"一系列流程才能处理完毕。客户对设备知识的不了解、与设备制造商之间的沟通障碍往往导致故障无法及时解决。解决这一问题的方法在于将依赖客户呼入的"被动式服务"转变为设备厂家主动根据设备健康状况提供服务的"主动式服务"。数字孪生提供物理实体的实时虚拟化映射，设备传感器将温度、振动、碰撞、载荷等数据实时输入数字孪生模型，并将设备使用环境数据输入模型，使数字孪生的环境模型与实际设备工作环境的变化保持一致，通过数字孪生在设备出现状况前提早进行预测，以便在预定停机时间内更换磨损部件，避免意外停机。通过数字孪生，可实现复杂设备的故障诊断，如风机齿轮箱故障诊断、发电涡轮机、发动机，以及一些大型结构设备，如船舶的维护保养。

3.5 5G 技术

3.5.1 概述

5G 是面向大带宽、低时延和海量连接等移动通信需求而发展的新一代移动通信系统，在传输速率和资源利用率等方面较 4G 系统获得大幅提升。用户在享受更高、更快、更丰富的体验的同时，也对网络速率和时延等性能指标提出更高的要求。5G 网络的增强移动宽带（eMBB）、超高可靠低时延通信（URLLC）和海量连接（mMTC），构建了 5G 与垂直行业实现万物互联全连接愿景的特性。eMBB 的典型应用包括 3D/超高清视频、虚拟现实等大

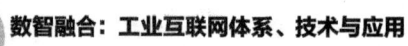

流量移动宽带业务。URLLC 的典型应用包括无人驾驶、工业自动化等需要低时延和高可靠连接的业务，如自动驾驶、实时监测等要求毫秒级的时延，可用性要求接近 100%。mMTC 的典型应用包括智慧城市、智能家居等大规模物联网业务，这类应用对连接密度的要求较高，同时呈现行业多样性和差异性。

5G 网络拥有更大的带宽、更广的覆盖、更快的速度、更低的时延、更可靠的连接等特征，必将为工业互联网的发展提供更广阔的空间。

3.5.2 技术架构

相比于 4G 而言，5G 架构从根本上做出了革新。5G 由接入、转发和控制三个功能平面组成。其中，接入平面通过引入多站点协作、多连接机制和多标准集成技术来构建更灵活的接入网络拓扑。转发平面包含数据转发和处理功能，该平面具备动态性的锚设置和多样化的业务链处理能力。控制平面基于可重新配置的集中式网络控制提供需求驱动的会话、接入和移动性管理功能，支持细粒度的资源管理和全面的功能开放。

5G 系统的参考架构如图 3.14 所示，最下层涵盖接入平面（UE、RAN）和用户平面功能（UPF）、数据网络（DN）等数据平面相关的组件；中间层是以认证服务功能（AUSF）、会话管理功能（SMF）、接入和移动性管理功能（AMF）为代表的控制核心层；最上层则提供网络存储功能（NRF）、策略控制功能（PCF）、统一数据管理（UDM）等管理编排相关的服务，以及以网络切片选择功能（NSSF）、网络开放功能（NEF）、应用功能（AF）等为代表的与网络能力开放相关的服务。

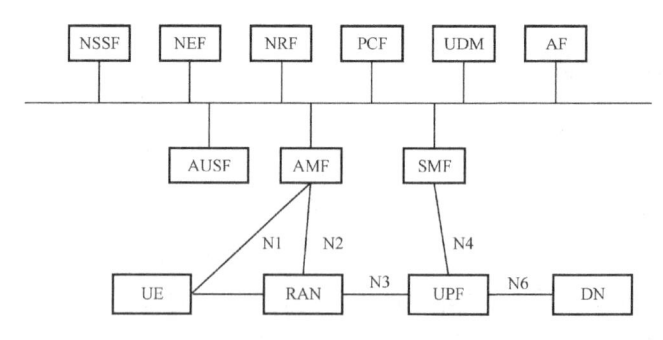

图 3.14　5G 系统的参考架构

（来源：《工业互联网网络技术与应用》）

3.5.3 关键技术

5G 技术的创新主要来源于无线技术和网络技术两方面。如图 3.15 所示，在无线技术领域，非正交多址接入技术、Massive MIMO 技术、毫米波、超密集异构网络等技术已成为业界关注的焦点；在网络技术领域，网络切片和 5G 虚拟专网等新型网络架构已取得广泛共识。

无线技术	网络切片	5G虚拟专网
• 非正交多址接入技术 • Massive MIMO技术 • 毫米波 • 超密集异构网络	• 网络功能虚拟化 • 逻辑子网络	• 局域虚拟专网 • 广域虚拟专网

图 3.15 5G 关键技术

1. 无线技术

1）非正交多址接入技术（Non-Orthogonal Multiple Access，NOMA）

从 2G 到 4G，多用户复用技术都从时域、频域和编码域上着手，而 5G 则在 4G 的正交频分复用（OFDM）基础上引入功率域这一新的维度，从而可以利用每个用户的不同路径损耗来实现多用户复用。

NOMA 的基本思想是发送方主动引入干扰信息，接收端安装串行干扰消除接收机以消除由此带来的多址干扰。由于子信道采用正交频分复用（OFDM）技术，所以 NOMA 的子信道传输不会相互干扰，但是每个子信道不再仅分配给一个用户，而是由多个用户共同组成。同一个子信道上不同用户之间的非正交传输会导致用户之间的干扰，因此需要在接收端使用串行干扰消除技术进行多用户检测。

2）Massive MIMO 技术

Massive MIMO（大规模天线）技术是 5G 中提高系统容量和频谱利用率的关键技术。Massive MIMO 技术通过增加基站端天线数量的方式降低衰落、噪声干扰等，通过天线阵列和智能处理功能并利用最佳传播信道产生额外容量。因此，采用 MIMO 的基站和用户设备可在若干空间复用信道上运行，从而实现可用吞吐量的扩大。

5G 主频具有波长短的特点，有利于缩小无线设备的尺寸，提高集成空

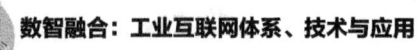

间；同时，5G MIMO 天线振子的数量很大，因此具备几何调整能力，使其同时获得多种天线应用效果，如空间复用、波束赋形和空间分集等。Massive MIMO 是 5G 超高数据速率的关键因素，可以带来更大网络容量、更广信号覆盖和更好的用户体验，将 5G 的潜力发挥到一个全新的水平。

3）毫米波（Millimeter Wave，MMW）

毫米波是指波长为毫米数量级的电磁波，频率为 30～300GHz。一般来说，无线通信的最大信号带宽大约是载波频率的 5%，因此载波频率的拓宽会导致信号带宽的增加。相较于 4G 的 100MHz 带宽，使用毫米波的 5G 频谱带宽可以轻松提升到 1GHz，因而传输速率也会相应提升。由于波长较短的特性，毫米波在空气中的衰减较大且绕射能力较弱，因此在信号处理的过程中，只要终端之间的距离不是太远，信号间的干扰就会很小。同时，由于较短的波长会使天线的物理尺寸较小，从而便于 MIMO 技术的部署。

4）超密集异构网络

超密集异构网络是指融合多种无线接入技术，由覆盖范围、承担不同功能的基站（如 4G、5G 等）在空间中以极度密集部署的方式组合而成的一种全新网络形态。此类网络可以极大地满足数据容量快速增长的需求，空间复用能极大地利用频谱资源，频谱效率远高于其他方式。5G 通过缩小小区服务半径来增加小基站的密度、引入超大规模的低功率节点来增强热点和消除盲点这两种方式搭建基于超密集网络（Ulta-Dense Network，UDN）的网络服务。

超密集异构网络打破了现有平面单层宏网络的覆盖模式，从而产生多层立体异构网络（Heterogeneous Networks，HetNet），可以大大提高频谱效率，改善网络覆盖范围并显著增加系统容量。

2. 网络切片

通过网络切片技术，网络运营商可以在一个硬件基础设施上利用软件手段切分出多个"虚拟"的端到端网络。切分出来的每个虚拟网络从设备到接入网，从接入网到核心网，从核心网到传输网都在逻辑上实现完全隔离，并分别适配各自业务的技术需求。也就是说，网络切片技术可以在同一张 5G 物理网络中，虚拟出多个不同特性的逻辑子网络，通过差异化的设置和优化，可满足不同场景下（如工业控制、自动驾驶、远程医疗等）业务对技术的差

异需求。

网络切片的优势在于其能让网络运营商自己选择每个切片所需的特性，如低时延、高吞吐量、连接密度、频谱效率、流量容量和网络效率，这有助于提高创建产品和服务方面的效率，提升客户体验。不仅如此，运营商无须考虑网络其余部分的影响就可更改和添加切片，既节省了时间又降低了成本。也就是说，网络切片可以带来更好的成本效益。

3. 5G 虚拟专网

5G 虚拟专网又称 5G 行业虚拟专网，是基于现有 5G 公网而构建的能满足各行业的业务及安全需求，按需实现软硬件隔离，同时向行业用户提供只具有部分网络管理、监测、独立开户等权力的网络。5G 虚拟专网从架构上可分为局域虚拟专网和广域虚拟专网。其中，局域虚拟专网由基站、UPF、边缘计算平台、企业业务平台、5G 虚拟专网自服务管理平台等部分组成，适用于工厂、园区、港区、矿区型的行业。广域虚拟专网由运营商公网资源、企业云平台、5G 虚拟专网自服务管理平台等部分组成，适用于跨地域的大型企业或集团公司。

与行业独自建设一张私有网络比较，5G 虚拟专网在成本、安全性、频谱干扰协调、商业模式等方面存在巨大的优势。比如，虚拟专网可以让行业借助运营商网络规模市场的成本优势，以更低成本获得 5G 服务；让行业/企业获得来自运营商的电信级安全保障服务；选择运营商作为网络建设、规划、优化的主体，可避免行业/企业直面频谱干扰等复杂问题；虚拟专网基于运营商公网按需提供 5G 网络服务，运营商与行业/企业之间将建立长期持续的服务关系，有效降低行业引入 5G 的成本。

3.5.4　5G 对工业互联网的价值

5G 很大的作用在于如何更好地服务行业，其本身具有高带宽、低时延和广连接的技术特性，与当前工业互联网网络改造的需求不谋而合，5G 与工业互联网的融合发展将推动制造业从传统的局部信息化向全面的数字化、网络化、智能化加速转型，如图 3.16 所示。

1. 促进工业生产的网络化、智能化

目前，工业企业 OT 和 IT 底层网络通常是基于有线网络的。随着工业现

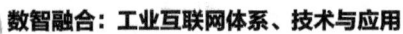

场环境的复杂化，越来越多的工业场景逐步采取无线传输方式。基于 5G 网络的工业移动专网具有大带宽、广连接、高可靠、低时延特性，能够实现私网部署、生产数据不外流的密闭性和安全性，成为支撑工业互联网的无线网络不二之选。通过将 5G 技术与工业 PON、MEC（移动边缘计算技术）等相结合，能够降低工业场景下的协议转换和设备接入难度，提升工业互联网异构数据接入能力，有效解决设备互联的问题。

```
        助力工业生产的虚拟化、
              远程化

        加速工业生产的数字化、
              柔性化

        促进工业生产的网络化、
              智能化
```

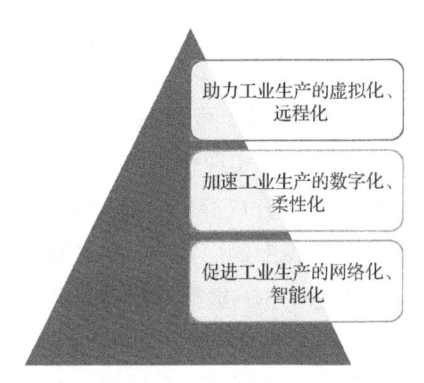

图 3.16　5G 对工业互联网的价值

2. 加速工业生产的数字化、柔性化

目前，工业企业内部网络无法支撑工业互联网场景下的海量数据实时传输和网络同步，亟须进行基础网络升级改造，提升网络传输带宽。5G 作为下一代通信网络，具备大带宽、低时延、海量连接的网络特性，能够提供端到端毫秒级时延和接近 100% 的高可靠性通信保障，可满足工业大数据传输需求和工业领域大量即时处理需求。

在工业互联网场景下，智能制造系统中，对可靠性和灵活性也有极高的要求。5G 在实现高可靠、低时延的基础上，使海量工业数据能够实时同步，进而带来生产设备无线连接的灵活性，使得工厂生产系统模块化和柔性制造成为可能，极大降低生产线重组的时间开销及成本。

3. 助力工业生产的虚拟化、远程化

在未来的工业互联网体系中，工业企业将更多地使用高清视频监控、虚拟现实（VR）、增强现实（AR）等技术，实现虚拟化作业和远程化作业。在生产过程中，要求这些智能设备间的密切协同和无碰撞作业，需要以无线方

式,低时延、高可靠地进行实时数据交换。5G 对于这些设备间的精密协作至关重要,可以大大提升制造效率。

3.5.5 5G 在工业互联网领域中的应用场景

5G 是未来各行各业数字化转型的关键基础设施。5G 因其大宽带、海量连接、低时延的特点能够满足更高端、更复杂的通信需求,满足更精确、更快速的应用标准,因而能够服务于更多用户、更多终端设备和更多的目标场景,催生出全新的生产方式,成为支撑工业互联网的网络基础。

2019 年 11 月,工业和信息化部办公厅印发了《"5G+工业互联网"512 工程推进方案》,其中明确指明到 2022 年,要打造一批"5G+工业互联网"内网建设改造标杆、样板工程,形成至少 20 个大典型工业应用场景,培育形成 5G 与工业互联网融合叠加、互促共进、倍增发展的创新态势,促进制造业数字化、网络化、智能化升级,推动经济高质量发展。

2021 年 5 月,工业和信息化部信息通信管理局印发了《关于发布"5G+工业互联网"十个典型应用场景和五个重点行业实践情况的通知》,具体介绍 10 个典型场景及 5 个重点行业的"5G+工业互联网"实际应用情况,如图 3.17 所示。

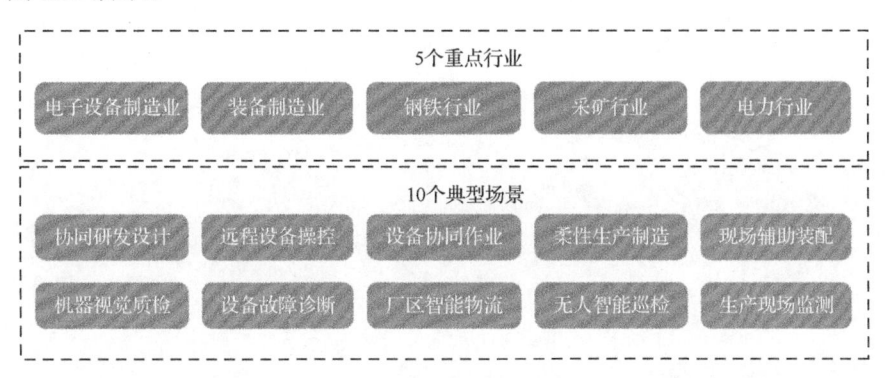

```
┌─────────────────────────────────────────────────────────┐
│                      5个重点行业                          │
│  电子设备制造业  装备制造业  钢铁行业  采矿行业  电力行业   │
└─────────────────────────────────────────────────────────┘
┌─────────────────────────────────────────────────────────┐
│                      10个典型场景                         │
│  协同研发设计  远程设备操控  设备协同作业  柔性生产制造  现场辅助装配  │
│  机器视觉质检  设备故障诊断  厂区智能物流  无人智能巡检  生产现场监测  │
└─────────────────────────────────────────────────────────┘
```

图 3.17 第一批"5G+工业互联网"典型应用场景和重点行业

2021 年 5 月,工业和信息化部在"2021 中国'5G+工业互联网'"大会上发布了第二批"5G+工业互联网"典型应用场景和重点行业实践,如图 3.18 所示。

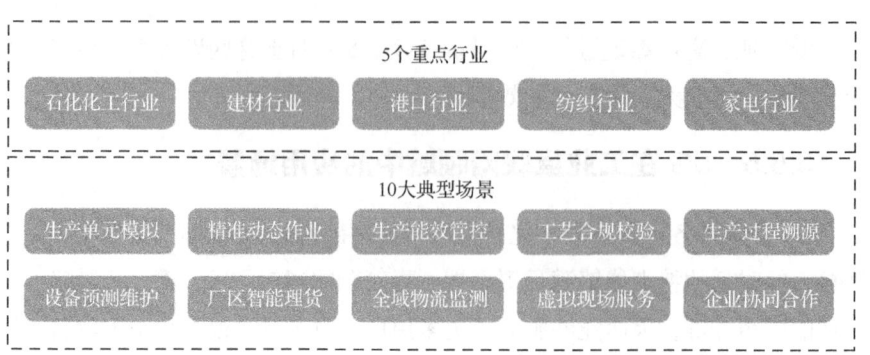

```
┌─────────────────────────────────────────────────────────────┐
│                      5个重点行业                              │
│   石化化工行业   建材行业   港口行业   纺织行业   家电行业      │
└─────────────────────────────────────────────────────────────┘
┌─────────────────────────────────────────────────────────────┐
│                      10大典型场景                             │
│   生产单元模拟  精准动态作业  生产能效管控  工艺合规校验  生产过程溯源  │
│   设备预测维护  厂区智能理货  全域物流监测  虚拟现场服务  企业协同合作  │
└─────────────────────────────────────────────────────────────┘
```

图 3.18　第二批"5G＋工业互联网"典型应用场景和重点行业

参考文献

[1] 本书编写组. 人工智能[M]. 北京：党建读物出版社，2021.

第4章 工业互联网平台

工业互联网平台的本质是通过构建精准、实时、高效的数据采集互联体系，建立面向工业大数据存储、集成、访问、分析、管理的开发环境，支撑工业技术、经验、知识的模型化、软件化、复用化，不断优化研发设计、生产制造、运营管理等资源配置效率，形成资源富集、多方参与、合作共赢、协同演进的制造业生态。

4.1 工业互联网平台概述

4.1.1 工业互联网平台是基于云架构的开放式操作系统

工业互联网平台最本质的特征是它是基于云架构的开放操作系统。对于工业互联网连接的各种生产要素，以及采集的海量数据，只有采用云技术，工业互联网平台才能拥有强大的运算能力、存储能力和网络带宽，才能对如此大规模的数据和设备进行管理、挖掘与分析；只有通过云计算，工业互联网平台才能让处于不同角色、本地或远程不同位置的管理者、操作者方便接入系统；只有通过云计算，工业互联网平台才能让各类开发者有更大的灵活度去开发更好的工业 App。

工业互联网平台向下接入海量设备，自身承载工业知识与微服务，向上支撑工业 App 的开发与部署，是工业全要素、全产业链、全价值链的全面连接、汇聚、配置的枢纽，是支撑制造资源泛在连接、弹性供给、高效配置的载体。

工业互联网平台在传统工业云平台软件工具共享、业务系统集成的基础上，叠加了制造能力开放、知识经验复用和第三方开发者集聚的功能，大幅提升了工业知识的生产、传播和利用效率，形成海量开放 App 应用与工业用户之间相互促进、双向迭代的生态体系。

工业互联网平台是新工业体系的"操作系统"。工业互联网平台依托高效的设备集成模块、强大的数据处理引擎、开放的开发环境工具、组件化的工业知识微服务，向下对接海量工业装备、仪器、产品，向上支撑工业智能化应用的快速开发与部署，发挥着类似于微软的 Windows 系统、谷歌的 Android 系统和苹果的 iOS 系统的重要作用，支撑构建了基于软件定义的高度灵活与智能的新工业体系。

IaaS 是工业互联网存储和计算资源的关键载体，是各工业互联网平台建设的重点：从建设方式来看，59%的工业互联网平台采用自建云的方式部署 IaaS 基础设施，29%的工业互联网平台采用租用公有云的方式部署 IaaS 基础设施，基本以阿里云、腾讯云、华为云、微软 Azure、亚马逊 AWS 等为主，11%的工业互联网平台兼用上述两种方式部署 IaaS 基础设施，还有 1%的为两者皆无；从建设主体来看，在采用租用公有云方式的企业中，73.3%的是 ICT 企业，制造企业出于对企业知识产权、商业机密保护、业务系统安全等方面的考虑，大都采用自建云方式。目前，西门子 MindSphere、GE Predix 均与亚马逊 AWS 和微软 Azure 两家云服务商达成合作协议。租用公有云方式成为工业互联网平台部署和应用推广的可行选择。

工业 PaaS 平台的建设尚处于起步阶段，但建设路径逐渐清晰，为 SaaS 赋能的能力日渐增强。在基础架构选型方面，59%的工业互联网平台企业自主研发架构，其余的均采用 Cloud Foundary、Open Shift 等国外成熟的开源架构。

4.1.2 工业互联网平台是海量数据汇聚的载体

当今时代是大数据时代，数据种类越来越多、规模越来越大、来源越来越复杂。从工业的生产角度而言，生产过程中涉及的数据包括以下三类：生产类数据、设备类数据、外围数据。由于传感器的增加，数据量不断膨胀。例如，一架 4 引擎的客机，每个引擎有 3000 个传感器，每个传感器每秒采集 100 次数据，意味着该客机每秒要采集 120 万次数据。

工业互联网平台将信息、人员、制造设备、机理模型、供应链、金融链等数据汇聚到云端，成为海量工业数据汇聚、分析和服务的载体，是支撑工业资源泛在连接、弹性供给、高效配置的中枢，是实现网络化制造的核心依托。工业互联网平台通过"网"的泛在连接，实现对海量的"端"资源和数据,以及主体的、以"云"为核心的集成与优化配置。

为解决当前工业现场数据采集数量不足、类型较少、精度不高等问题,各平台都在积极提升数据采集解决方案的能力。在数据采集协议支持方面,超过一半的平台支持多种数据采集协议。64%的平台采用通用协议OPC-UA,近4成的平台还采用了自主开发协议转换解析模块,协议兼容能力相对较强。在数据采集集成解决方案能力方面,81.3%的平台具有自主开发软件网关、硬件网关或集成第三方解决方案的能力,可围绕底层数据采集提供技术产品和解决方案。在边缘层数据预处理能力方面,38%的平台通过部署边缘计算模块,可实现了数据清洗、数据缓存,以及在生产现场的轻量级运算与实时分析。

4.1.3 工业互联网平台是模型沉淀与智能决策的中枢

1. 工业机理模型

1)各类工业信息模型的规范化和统一化成为平台集成各类数据的基础

各类机理模型和信息模型是工业互联网平台进行数据分析、做出智能决策的基础。为对各类工业设备和系统进行更加有效的识别与交互,工业互联网平台将机理模型和信息模型的集成与统一构建作为一项关键能力,推进思路包括两类。一类是自上而下的:平台提供开放的信息模型构建工具和统一的工业资产语义描述。例如,PTC ThingWorx构建了一套复杂的模型体系(ThingModel)来描述工业资产和流程,既可以定义工业资产的具体特征和属性,界定资产之间的层次和关联关系,还可以实现信息模型在类似领域的快速复用。另一类是自下而上的:基于统一协议构建工业设备的信息模型,并与平台进行集成。其中,OPC-UA有望为工业设备提供统一的信息模型构建标准,它能够与西门子、罗克韦尔、ABB、贝福、博世、施耐德电气等自动化企业的专有协议进行整合,实现信息模型间的映射与互通。同时,目前绝大部分平台都具备将基于OPC-UA的信息模型转化为自有信息模型的能力,从而有效整合各类工业设备的信息模型。

2)机理模型、数据模型、业务模型的加速沉淀成为平台服务能力的关键

为提供更适用于工业场景需求的数据分析和应用开发服务,工业互联网平台不断深化对机理模型和数据模型的积累,不断提升分析结果的准确度。Ambyint专注于石油液压升降系统的优化和维护,不仅沉淀了人工举升采油法中的大量现代物理学知识,而且积累了45TB、1亿小时的油井运行数据,

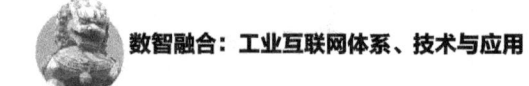

在此基础上不断训练分析模型，可更好地诊断井下和地表异常，并优化油井运行参数。博华科技专注于旋转机械和往复机械的振动监测，积累了大量燃气轮机、轴流风机、挤压造粒机、汽轮机等设备历史运行数据和领域知识，可强化设备预测性维护的性能。Uptake 积累了 800 多种工业设备、55000 种故障模式和维护策略的工业知识库，并收集了大量工业天气、交通模式、卫星图像、地理空间系统等数据集，能更好地支持分析模型的构建。天泽智云与中车青岛四方、东方电气等垂直领域企业合作，积累了轴箱轴承、空压机、机床、风力发电机、高炉等设备的运行数据，以及大量故障模式识别模型，可支撑重点设备的预测性维护。同时，工业互联网平台将积极探索业务模型的沉淀，支撑形成贴合业务需求的综合性工业应用。西门子推动 Atos、埃森哲、Infosys、德勤、凯捷、普华永道等传统系统集成合作伙伴的业务模型和行业经验与 MindSphere 集成，形成平台应用。例如，Atos 在 MindSphere 平台上为航空航天、汽车和食品饮料等行业开发了缺陷检测、质量管理、绩效优化、预测性维护、能耗管理、eBoM 检查等 14 个即用型应用。IBM 的 Waston IoT 平台加速了与资产管理软件（如 IBM 的 Maximo）整合，并基于 Maximo 中的电力、石油、核能、运输、航空等行业模型，开发了生产、绩效、质量、能源、资产和供应链等领域的优化应用。ThingWorx、Predix、博世 IoT 等也通过类似方法积累了大量的业务模型。

2. 工业互联网平台是智能决策的中枢

智能化决策能力逐渐成为工业互联网平台的主要核心能力。传统的数据分析方法已经不能适应企业对数据分析与日俱增的需求，需要更高级的数据分析技术来挖掘与日俱增的数据量的潜力。然而，由于企业缺乏专业的数据专家和数据分析技术手段，很多企业只能望"数据"兴叹。工业互联网平台的出现为企业弥补了这个空白。企业在生产经营中提炼出的专业知识和经验，最终能够形成各类机理模型而沉淀到工业互联网平台上。工业互联网平台集聚人工智能、大数据、云计算等全面的技术能力，再加上丰富的数据资源积累，凭借网上大规模先进的计算架构和高性能的云计算基础设施，能够实现对海量异构数据的集成、存储和计算，解决工业数据处理爆炸式增长与现有工业系统计算能力不匹配的问题，成为人工智能算法运行的天然平台，实现超越人类的全局管理、调度与智能决策的中枢。

为满足海量工业数据挖掘的需求，各类平台基本都引入了聚类算法、分

类算法、回归分析、关联规则、文本分析等大数据处理分析技术或工具。据统计，从大数据处理分析能力来看，引入深度学习算法工具的平台占比达45%，这较大地提升了平台的数据分析、预测、优化和决策能力。随着越来越多的行业机理沉淀，深度学习等人工智能算法将有可能更普及，以支撑越来越复杂的融合性数据分析任务。

4.1.4 工业 App 是工业互联网平台能力的载体

如前文所述，工业互联网平台构建了工业知识的创造、沉淀和应用机制，促进工业知识在大范围、宽领域和深层次的沉淀、传播与复用：一方面，通过平台汇聚，系统化管理知识；另一方面，通过大数据和人工智能，挖掘与发现知识。工业互联网平台实现了知识和经验在云平台上复用的功能和开发者集聚的功能，大幅提升了工业知识的生产、传播和利用效率。

随着传统工业软件向云化和智能化的转变，以及新一代信息技术与工业数据、工业知识和工业场景的深度融合，工业 App 作为传统工业软件发展的新形态应运而生。工业 App 能够实现特定应用场景的功能，并对特定资源进行优化配置，解决企业生产过程中的特定问题。工业 App 的概念是依托工业互联网平台而生的。工业互联网平台的通用 PaaS 层相当于操作系统，PaaS 层为工业 App 提供必要的开发和运行环境支持，而工业 App 则是运行在操作系统上的应用程序，它支撑企业的智能研发、智能生产和智能服务。工业互联网平台的云特性为工业 App 的开发屏蔽了设备连接、软件集成与部署、计算资源调度等一系列底层操作，大大提升了工业 App 的开发效率。

1. 工业 App 的定义

工业 App 是基于松耦合、组件化、可重构、可重用思想，面向特定工业场景，基于工业互联网平台中的技术引擎、资源、模型和业务组件，将工业机理、技术、知识、算法与最佳工程实践，按照系统化组织、模型化表达、可视化交互、场景化应用、生态化演进原则而形成的应用程序。工业 App 致力于解决具体的工业问题，是工业软件发展的一种新形态。

2. 工业 App 的典型特征

1）工业 App 是特定工业技术知识的载体

工业 App 是某一项或某些具体工业技术知识软件形态的载体，这是工业

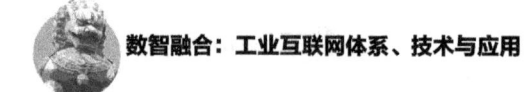

App 的本质特征。工业 App 所承载的工业技术知识只解决具体的问题,而不是抽象后的问题。

2)工业 App 具有特定适用性

每一个工业 App 都针对工业生产中某个特定领域、某个特定场景解决某个特定的问题,具有一个或多个特定的功能,具有典型的特定适用性。

3)体量小、易操作

每一个工业 App 都只致力于解决某一些或几项具体的问题,功能相对单一,并且工业 App 的开发运行都有平台资源做支撑,单个工业 App 不需要考虑完整的技术引擎、云端资源分配等基础技术要素,因此工业 App 的体量相对较小。

工业 App 是工业技术知识的载体,具有较高的自动化和智能化程度,通过简便的操作即可完成特定操作,这样工业 App 才能被广泛推广使用。

4)可解耦、可重构

借助于组件化微服务等架构,工业 App 具有明确的接口与层次,使得工业 App 具有解耦特性,能够与其他的应用程序或 App 通过接口交互,实现松耦合应用。

5)工业 App 依托于平台

从工业 App 概念的提出到开发、应用,以及生态的构建,工业 App 都是基于工业互联网平台形成的。每一个工业 App 都是工业互联网平台上的一个应用,意味着工业 App 需要平台生态来支撑。工业互联网平台既可以提供工业 App 生态快速建设的基础,又可以在每一个 App 的开发过程中避免重复进行底层能力的开发和基础资源的构建,降低工业 App 开发的门槛,还可以通过工业互联网平台来统一规范与标准化。

3. 工业 App 是工业互联网平台能力的输出载体

如前文所述,工业 App 是特定工业技术知识的载体。通过结构化描述、系统化组织、模型化表达、可视化交互等过程,利用 IT、OT、DT 与工业机理融合形成松耦合业务组件,将特定的工业技术知识软件化,可形成针对特定目标与特定工业应用场景的、具有确定边界和接口的松耦合工业 App。因此,工业 App 具有特定适应性,通过重构/重用和集群化应用,将具有特定适应性的多个工业 App 进行重构和集群化组合,可解决从产品/设备,到车间、企业以至产业的多层级工业应用,完成产品的研发设计、生产制造、运维服务与经

营管理。工业 App 依赖平台所提供的技术引擎技术资源和接口等（甚至是足够数量的工业 App 应用生态）完成开发和应用，每一个工业 App 都可以利用平台提供的资源（针对特定问题的专业知识的富集）解决特定问题。

总之，工业互联网平台是工业 App 的重要载体，工业 App 是工业互联网平台的价值体现。云平台上的工业 App 实现了工业知识的封装、共享、交易和复用，已成为工业互联网平台上的工业知识、工程经验、运行规律、技术诀窍等的重要载体和体现形式。因此，工业 App 加速了工业知识的积累，推动了工业向数字化、网络化、智能化发展，提高了知识传播和知识复用的速度。

截至 2020 年 4 月，重点工业互联网平台的工业 App 平均数量为 2329 个，其中由平台自己开发的工业 App 平均数量为 622 个，由其他企业或用户上传的工业 App 平均数量为 1707 个；一般工业互联网平台的工业 App 平均数量为 132 个，其中由平台自己开发的工业 App 平均数量为 99 个。

工业 App 的应用开始向制造业各行业、各领域、各环节全面渗透，逐渐成为制造业应用创新的重要载体。从应用场景来看，工业 App 已基本覆盖研发设计、生产制造、经营管理、售后服务等生产制造全过程。生产类的工业 App 数量最多，其中，用于设备监控运维和产品质量管理优化的生产类工业 App 数量位居前列。营销服务类的工业 App 数量次之，如用于产品预测性维护、产品故障检测分析、产品远程监控的营销服务类工业 App。

从服务行业来看，工业 App 的应用主要集中在跨行业通用方面，以及装备和石化领域。一方面，跨行业通用工业 App 大部分由传统的通用软件云化而来，在开发、部署和应用上难度相对较低；另一方面，工业 App 的应用集中在行业机理模型积淀最多的装备和石化领域，这表明行业机理模型对于工业 App 开发应用的支撑作用不可或缺。

4.1.5 生态开放是工业互联网平台保持发展活力的保证

汇聚不断涌现的创新应用是平台保持活力和不断发展的关键。受消费习惯的影响，当前工业互联网平台主要通过构建开发者社区，从技术、内容、工具、服务等多个层面，赋能各类开发者在平台上的开发应用。平台的云特性打破了企业间的隔阂，让上下游企业乃至同一产业上众多企业的开发者，可以在同一平台上不断更新应用。同时，成熟的平台也为开发者社区的建设提供了支撑和保障。

目前，我国有影响力的平台大多已具备开放式的社区。但是，受 PaaS

平台的建设成本、技术能力和开放程度所限,当前的开发者社区建设手段单一,水平不高,尚未形成成熟的建设运营模式,集聚的开发者数量和活跃程度都比较低,特别是缺乏有效的利益共享机制,平台开发者培育的基础能力亟待提升。

目前,航天云网、阿里云、用友精智这3家平台的开发者数量均已突破10万,其中前两家平台的开发者月平均活跃数量过万。

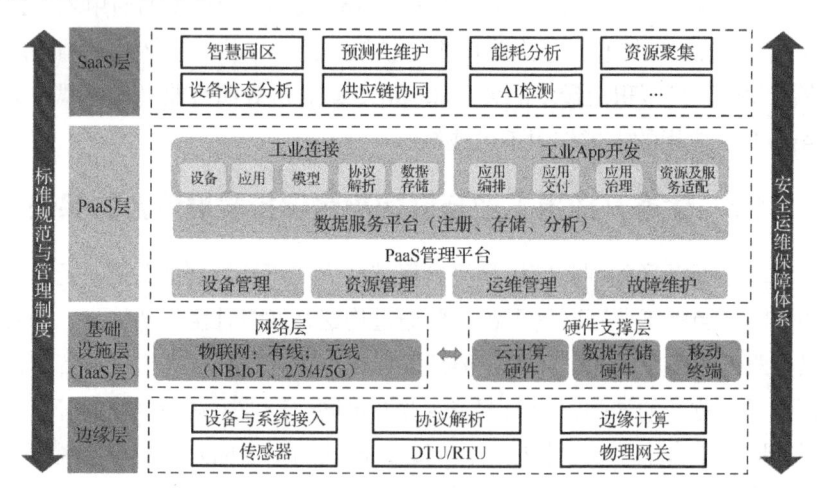

4.2 工业互联网平台的架构

工业互联网平台面向制造业数字化、网络化和智能化需求,构建了基于海量数据采集、汇聚、分析的软件云平台体系,已成为支撑制造资源泛在连接、弹性供给、高效配置的载体。工业互联网平台在云平台的基础上,通过构建精准、实时、高效的数据采集互联体系,建立数据存储、集成、访问、分析、管理的开发环境,实现工业技术、经验和知识的模型化、软件化和复用化,以"数据+模型"的方式解决复杂制造系统面临的决策优化困境,不断优化研发设计、生产制造、运营管理等资源配置效率,形成了资源富集、多方参与、合作共赢、协同演进的制造业生态。

按照工业互联网产业联盟的《工业互联网平台白皮书》,工业互联网平台一般可分为三层:边缘层、平台层(PaaS层与IaaS层)和应用层(SaaS层),如图4.1所示。

图4.1 工业互联网平台的架构

(来源:工业互联网产业联盟)

4.2.1 边缘层

1. 边缘层是数据基础

工业互联网平台通过网络技术对设备、系统、环境、人员等要素信息进行泛在感知、实时采集和云端汇聚。同时，通过协议转换将数据传到云端平台进行综合分析并进行优化，从而形成决策。边缘层通过数据采集协议转换，为资源配置优化决策提供了海量数据，是工业互联网平台发挥智能中枢作用的基础。

（1）依托各类独立传感器、工业控制系统、物联网技术，面向设备、系统、人员、产品等要素数据进行实时采集，通过传统的工业控制和传输技术实现平台对底层边缘数据的直接集成。

（2）利用以智能网关为代表的新型边缘计算设备，实现设备数据的汇聚和协议转换，并进行边缘计算，将分析结果在云平台汇聚集成。

2. 数据采集的核心技术

数据采集是工业互联网平台的基础。目前，数据采集面临传感器部署不足、装备智能化水平低、协议兼容性差、数据精度不高等问题，无法支撑实时分析、智能优化和科学决策。突破数据采集瓶颈的主要技术包括以下三个方面：一是基于工业以太网和工业总线等工业通信协议，以太网和光纤等通用协议，3G/4G/5G 和 NB-IoT 等无线协议，将工业现场的设备接入平台的边缘层；二是通过协议解析、中间件方式或 HTTP、MQTT 等方式，实现多源异构数据的采集传输；三是通过边缘计算技术，降低网络开销，并与云端分析形成协同。

4.2.2 平台层（PaaS 层和 IaaS 层）

1. 平台层是核心

PaaS 管理平台的本质是基于通用 IaaS 层叠加大数据处理、工业数据分析、工业微服务等创新功能，构建可扩展的开放式云操作系统。除能够提供通用 PaaS 管理平台的运行环境和运营管理环境外，还具有一套标准化、模块化的工业微服务组件库、开发环境、工业大数据系统，为工业 App 的应用开发提供一个基础平台。对于工业互联网平台而言，PaaS 管理平台具有承上

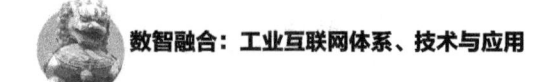

启下的作用，向下能够调用部署在 Iaas 层的资源，向上能够为 SaaS 层提供功能模块、管理模块、计算存储等资源的调用与配置。一是提供工业数据管理能力，将数据科学与工业机理结合，帮助制造企业构建工业数据分析能力，实现数据价值挖掘；二是把技术、知识、经验等资源固化为可移植、可复用的工业微服务组件库，供开发者调用；三是构建应用开发环境，借助微服务组件库和工业应用开发工具，可帮助用户快速构建定制化的工业 App。

2．平台层的关键技术

1）数据建模分析技术

数据建模分析技术是指运用数学统计、机器学习及最新的人工智能算法，实现面向历史数据、实时数据、时序数据的聚类、关联和预测分析，是一种用于定义和分析数据，及其相应支持信息系统的过程。数据分析是大数据价值链的重要阶段，也是大数据的价值体现，它为企业提供论断建议或支持决策，主要包括数据挖掘、自然语言处理、全文检索等部分。通过模型算法管理和调度引擎，使用回归分析法、决策树算法、聚类分析、关联分析等方法，可以从大量的、不完全的、有噪声的随机数据中挖掘出有潜在价值的数据。

2）工业建模技术

工业建模技术主要包括机理建模技术和测试法建模技术。机理建模技术即利用机械、电子、物理、化学等领域的专业知识，结合工业生产的实践经验，基于已知的工业机理构建各类模型，实现分析应用，其实质是根据生产过程中实际发生的变化机理，写出各种有关的平衡方程，包括质平衡方程、能量平衡方程、动量平衡方程，以及反映流体流动、传热、传质、化学反应等基本规律的运动方程、物性参数方程、某些设备的特性方程等，从而获得所需的数学模型。使用机理建模技术的前提条件是生产过程的机理必须为人所充分掌握，可以比较确切地加以数学描述。模型应该尽量简单，保证达到合理的精度。使用机理建模技术时，如果出现模型中某些参数难以确定的情况或过于烦琐，则可以用测试法来建模，该方法根据工业过程中的输入/输出实测数据进行数学处理后得到模型，其特点是把被研究的工业过程视为一个黑匣子，完全从外特性上测试和描述它的动态性质，不需要深入掌握其内部机理。为了获得动态特性，必须使被研究的工业过程处于被激励的状态，施加一个阶跃扰动或脉冲扰动等。用测试法建模一般比用机理建模技术要简单和省力，如果两者都能达到同样的目的，一般都采用测试法建模。

3）微服务架构技术

微服务架构技术是一项在云中部署应用和服务的技术。微服务可以在"自己的程序"中运行，并通过轻量级设备与 HTTP 型 API 进行沟通。一个大型且复杂的软件应用由一个或多个微服务组成，其中的各个微服务可被独立部署，各个微服务之间是松耦合的，每个微服务仅关注于一件任务并很好地完成该任务，每个任务代表着一个小的业务能力。不同于构建单一、庞大的应用，微服务架构将应用拆分为一套小且互相关联的服务，如亚马逊、eBay、Netflix 等公司已经采用微服务架构范式解决问题。一个微服务一般能实现某个特定的功能，每个微服务都是一个微型应用，有着自己的"六边形"架构。每个微服务都包括商业逻辑和各种接口，有的微服务通过开放应用程序接口（API）供其他微服务或者应用客户端调用，有的微服务则通过网页 UI 实现复用。

4）动态调度技术

动态调度技术可以根据应用的 CPU 和内存的负荷、时间段、应用系统的优先级等多种方式来对计算单元进行动态地创建、动态地分配到应用，动态地将计算单元挂接到路由和均衡模块上。调度策略是一系列的调度规则，既包括全局调度规则，也包括应用系统级别的调度规则。调度决策需要一个接近实时的动态计算过程，而计算的输入则实时地从各个计算单元中获得，调度模块根据运行数据+调度规则动态地计算并进行调度。

5）平台安全技术

平台安全技术主要包括工业设备控制、网络和数据的安全，阻止非授权实体的识别、跟踪和访问，非集中式的认证和信任模型，能量高效的加密和数据保护，异构设备间的隐私保护技术。通过工业防火墙技术、工业网闸技术、加密隧道传输技术，可防止数据泄露、被侦听或篡改，保障数据在源头和传输过程中安全，实现数据接入安全。通过平台入侵实时检测、网络安全防御系统、恶意代码防护、网站威胁防护、网页防篡改等技术，可实现工业互联网平台的代码安全、应用安全、数据安全、网站安全，从而实现平台的安全。通过建立统一的访问机制，可限制用户的访问权限和所能使用的计算资源及网络资源，实现对云平台重要资源的访问控制和管理，防止非法访问，实现访问安全。

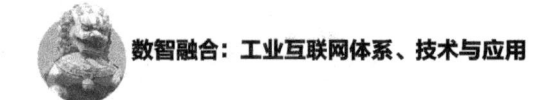

4.2.3 应用层（SaaS 层）

1. 应用层的关键作用

通过推动工业技术、经验、知识和最佳实践的模型化、软件化，可形成满足不同行业、不同场景的应用服务，并以工业 App 的形式呈现出来。应用层由传统软件云化和基于工业 PaaS 层开发的新型工业 App 应用构成，面向企业客户提供 SaaS 服务。应用层通过不断汇聚应用开发者、软件开发商、服务集成商、工业用户和平台运营商等资源，正成为行业领军企业和软件巨头构建与打造共生共赢工业云生态系统的关键。

应用层基于开放环境部署应用，面向工业各环节场景，是工业互联网平台服务的最终输出。面向智能化生产、网络化协同、个性化定制、服务化延伸等智能制造和工业互联网典型应用场景，为用户提供各类定制的智能化工业应用和解决方案。

在智能化生产中，设备预测性维护、生产工艺优化等应用服务可帮助企业提升资产的管理水平；在网络化协同中，制造协同、众包众创等创新模式可实现社会生产资源的共享配置；在个性化定制中，用户需求挖掘、规模化定制生产等解决方案可满足消费者日益增长的个性化需求；在服务化延伸中，智能产品的远程运维服务则驱动着传统制造企业加速服务化转型。面向用户实际需求的各类智能应用是实现模式创新、业态创新的关键载体，推动着工业互联网平台应用生态体系的构建。

2. 应用层（SaaS 层）的核心技术

1）图形化编程技术

图形化编程技术能够简化开发流程，帮助不熟悉编程的领域专家，通过图形化编程工具快速生成应用程序。通过图形界面交互定制并行构件及组装构件，结合代码自动生成引擎，可自动生成指定编程语言的应用代码，领域专家只需以拖曳的方式即可快速生成应用程序。这种编程方法可显著降低并行程序的研制难度，提高软件的研制效率。

2）多租户技术

多租户技术（Multi-Tenancy Technology）是一种软件架构技术，常用于多租户的环境下共用相同的系统或程序组件，可确保各用户间数据的隔离性。多租户技术可以让多个租户共用一个应用程序或运算环境，在租户大多

不会使用太多运算资源的情况下，对供应商来说，多租户技术可以有效地降低环境建置的成本，如硬件本身的成本，以及操作系统与相关软件的授权成本，这些成本可由多个租户一起分担。多租户技术可以实现数据隔离，在不同的架构设计下，数据的隔离方式也会不同，良好的数据隔离法可以降低供应商的维护成本（包含设备与人力），供应商可以在合理的授权范围内进行数据分析，以改善服务。多租户技术可以大幅降低程序的发布成本，在多租户架构下，所有的租户都共用相同的软件环境，因此在软件改版时只要发布一次，就能在所有租户的环境上生效。

3）应用系统集成技术

通过应用系统集成（Application System Integration）对系统进行高度集成，可以为客户的应用提供一种系统模式，以及实现该系统模式的具体技术解决方案和运作方案，即为用户提供一个全面的系统解决方案。应用系统集成技术已经深入用户具体的业务和应用层面。在大多数场合下，应用系统集成又称为行业信息化解决方案集成，应用系统集成可以说是系统集成的高级阶段，独立的应用软件供应商将成为核心。

4.3 工业互联网平台应用场景

工业互联网平台的应用贯穿企业的"研、产、供、销、服、管"全过程，具体体现在以下四个方面。

1. 面向工业现场的生产过程优化

工业互联网平台能够有效采集和汇聚设备的运行数据、工业参数、质量检测数据、物料配送数据和进度管理数据等现场数据，通过数据分析和反馈，可以在制造工艺、生产流程、质量管理、设备维护与能耗管理等具体场景中优化应用。

（1）在制造工艺场景中，工业互联网平台可对工业参数和设备的运行数据进行综合分析，找出生产过程中的最优参数，提升制造品质。

（2）在生产流程场景中，工业互联网平台可对生产进度、物料管理和企业管理等数据进行分析，提升排产、进度、物料、人员等方面管理的准确性。

（3）在质量管理场景中，工业互联网平台基于产品检验数据和"人、机、料、法、环"等过程中的数据进行关联性分析，可实现在线质量检测和异常分析，降低产品的不良率。

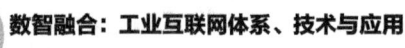

（4）在设备维护场景中，工业互联网平台结合设备的历史数据与实时运行数据，可构建数字孪生，及时监控设备的运行状态，实现设备的预测性维护。

（5）在能耗管理场景中，基于现场的能耗数据与分析，工业互联网平台可对设备、产线、场景能效的使用进行合理规划，提高能源的使用效率，实现节能减排。

2. 面向企业运营的管理决策优化

借助工业互联网平台，企业可以打通生产现场数据、企业管理数据和供应链数据，提升决策效率，实现更加精准与透明的企业管理。

（1）在供应链管理场景中，工业互联网平台可以实时跟踪现场物料的消耗，结合库存情况安排供应商进行精准配货，实现零库存管理，有效降低库存成本。

（2）在生产管控一体化场景中，企业基于工业互联网平台，可对业务管理系统和生产执行系统进行集成，实现企业管理和现场生产的协同优化。

（3）在企业决策管理场景中，工业互联网平台通过对企业内部数据的全面感知与综合分析，可有效支撑企业的智能化决策。

3. 面向社会化生产的资源优化配置与协同

工业互联网平台可以实现制造企业与外部用户需求、创新资源、生产能力的全面对接，推动设计、制造、供应和服务环节的并行组织与协同优化。

（1）在协同制造场景中，工业互联网平台通过有效集成不同设计企业、生产企业及供应链企业的业务系统，可实现设计与生产的并行实施，大幅缩短产品研发设计与生产周期，降低成本。

（2）在制造能力交易场景中，工业企业通过工业互联网平台对外开放空闲制造能力，可实现制造能力的在线租用和利益分配。

（3）在个性化定制场景中，工业互联网平台可实现企业与用户的无缝对接，形成满足用户需求的个性化定制方案，提升产品价值，增强用户粘性。

4. 面向产品全生命周期的管理与服务优化

工业互联网平台可以对产品设计、生产、运行和服务数据进行全面集成，以产品的全生命周期可追溯为基础，在产品的设计环节实现，在产品的使用环节实现健康管理，并通过生产与使用数据的反馈改进产品设计。

（1）在产品溯源场景中，工业互联网平台可借助标识技术记录产品的生产、物流和服务等各类信息，综合形成产品档案，为产品的全生命周期管理应用提供支撑。

（2）在产品与装备远程的预测性维护场景中，将产品与装备的实时运行数据与其设计数据、制造数据、历史维护数据进行融合，可为企业提供运行决策和维护建议，实现设备故障的提前预警和远程维护等设备健康管理应用。

（3）在产品设计的反馈优化场景中，工业互联网平台可以将产品的运行数据和用户使用的行为数据反馈到设计与制造阶段，从而改进设计方案，加速创新迭代。

4.4 工业互联网平台建设和应用路径

工业互联网平台的建设是一个反复迭代、动态优化和不断演进的过程，需要通过终端设备的持续接入，工业经验和知识的积累、传播与复用，开发工具的丰富完善，创新应用的逐步推广，实现工业互联网平台的体系化和生态化发展。面对我国跨行业、跨领域工业互联网平台的缺乏和企业的实际需求，从"供给侧""需求侧"两端发力，以"建平台""用平台"双轮驱动，统筹"建生态""补短板"两翼发展，可以全面增强工业互联网平台的核心能力，全面提升工业互联网平台的应用水平，全面优化工业互联网平台的发展环境，培育新技术、新产品、新业态、新模式，形成建用互促、迭代优化的工业互联网平台建设与应用模式。

一方面，构建"综合型+特色型+专业型"多层次工业互联网平台发展体系，满足不同企业的特色化需求，为加快打造基于工业互联网平台的制造业发展新格局提供支撑。

另一方面，坚持"点-线-面"推进工业互联网平台应用，进一步加强工业互联网平台间的互联互通能力，助力企业提升平台发展合力，深化行业应用，构筑协同发展生态。

4.4.1 目前工业互联网平台发展中面临的问题

虽然我国工业互联网平台建设和应用推广的步伐在不断加快，但是仍然面临一些问题和不足。目前，应用多停留在单点智能，着眼于解决碎片化的

需求，如着眼于独立的制造流程，甚至是单一的工位，通过先进感知和人工智能算法来取代复杂人工或者经验判断的应用，无论应用的深度和广度，还远远不够。

1. 跨行业、跨领域平台构建能力薄弱

构建跨行业、跨领域工业互联网平台，既需要具备涉及多个行业领域的共性技术、知识、工具和模型的供给能力，也需要具备数据采集、设备互联、平台管理、应用开发等一整套技术解决方案。我国目前有影响力的双跨平台有海尔卡奥斯、航天云网、东方国信、树根互联等十余家，初步具备了跨行业、跨领域工业互联网平台的能力，但在实际应用中，这些平台跨行业、跨产业链布局和协同的水平不高，广度和深度依然不够，难以满足国内企业的发展需求。

2. 平台建设支撑能力亟待增强

工业互联网平台是一个涵盖工业技术和信息技术的复杂体系，涉及边缘层、IaaS 层、PaaS 层、SaaS 层等多个方面，目前国内企业在一些关键技术环节仍较为薄弱，主要表现在以下三个方面。

（1）设备连接能力不足。面对我国制造业数字化、网络化的程度较低的现实，对于多种协议并存的异构设备，如何将异构设备连接起来、将数据汇集起来，实现在边缘或云端计算，仍然是工业互联网平台建设中的难点问题。多数工业互联网平台的数据采集类型少、采集难度大、互联互通水平低，数据点采集量少或无数据点，缺乏完整的数据采集集成解决方案。

（2）工业 Know-How 方面严重不足。我国工业化发展历程短，制造技术与管理知识经验积淀不够，工业企业两化融合发展水平参差不齐。虽然我国制造业体量占世界制造业份额的 20%，但是我国工业软件的市场份额仅占世界工业软件市场份额的 1.7%。同时，我国 90% 以上的工业软件依靠进口，这充分说明我国工业领域的行业机理、工艺流程、模型方法经验和知识积累不足，算法库、模型库、知识库等微服务提供能力不足，工业互联网平台在功能完整性、模型组件丰富性和专业化服务等方面发展滞后。这些不足和滞后不是一朝一夕可以改变的。

（3）解决方案能力不足。工业互联网平台是一个系统解决方案平台，其出发点和落脚点是解决制造业的数字化、网络化、智能化问题，提高核

心竞争力。我国工业互联网平台上的企业战略规划、业务咨询、平台建设、工业 App 开发、工具软件的集成等能力远远不足，整合控制系统、通信协议、生产装备、管理工具、专业软件等各类资源的能力不足，集业务流程咨询、软件部署实施、平台二次开发、系统运行维护等于一体的综合能力欠缺。

（4）平台的标准体系尚不一致。目前，很多工业互联网平台都是按照企业各自的技术体系构建的，工业互联网平台体系架构、协议转换、运行服务、系统互操作等方面的标准不统一。行业异构数据格式的转换和统一难度大，制约了工业 PaaS 平台的通用性、开放性和灵活性。

3. 工业 App 的开发和应用生态尚未建立

工业 App 是基于工业互联网平台，承载工业知识和经验，满足工业用户特定需求的应用软件。目前，我国的工业 App 供给能力不足，开发和应用生态尚未建立，主要表现如下。

一是工业 App 的统计分类标准尚不明确，产业界对工业 App 内涵的认识和开发应用模式尚不明确。

二是工业 App 的质量不高，大量典型的工业场景和工艺环节中缺乏高效的工业 App 应用，难以衡量工业 App 的质量和价值。

三是开发者社区建设滞后，活跃程度普遍不高，大部分工业互联网平台中的开发者月平均活跃数量寥寥无几，社区生态名不符实，工业 App 开发与工业用户相互促进、双向迭代的双边市场生态尚未形成。

4.4.2 加强工业互联网平台应用的广度，以"建平台""用平台"双轮驱动

加强工业互联网平台应用的广度意味着从单点应用发展到全局应用。全局应用在实际应用中有 3 个维度：纵向集成、横向集成和端到端集成。

纵向集成将产品的生产制造流程打通，让工厂的运营实现数字化、智能化，以实现垂直一体化与网络化的制造工厂为目标；横向集成着眼于产供销全价值链，让商品的客户履约流程、形成协同，以价值网络的优化和灵活为目标；端到端集成更强调产品生命周期的一体化，让产品从设计到更新得到智能支撑，形成持续增强产品力的有效手段。更高层次的全局集成跨越不同的维度，可应对更大范围的应用场景，在全局形成智能优化。为在更大的范

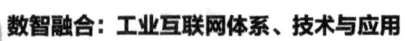

围内应用工业互联网平台，需要继续坚持"建平台""用平台"双轮驱动，形成"以建优用、以用促建"的良好格局，拓展工业互联网平台的应用范围，助力工业互联网平台的应用在广度上持续延伸。

1）打造工业互联网平台体系，建设双跨级、行业级/区域级、专业型平台

工业互联平台是工业全要素链的枢纽和工业资源配置的核心。发展工业互联网平台，首先必须搭建平台，推动社会、软件、人员，以及各种生产要素与互联网平台的对接，重构生产组织模式和制造方式，我国将重点打造以下三类平台。

一是打造跨行业、跨领域的综合型平台。跨行业、跨领域的综合型平台拥有海量的行业数据，在产品开发、市场拓展、客户维护等方面占据着制高点，对于提升产业竞争力具有重大意义。通过在设备接入、知识沉淀、应用开发等方面苦练内功，跨行业、跨领域的综合型平台可加快工业资源要素集聚，提升制造资源配置效率，加速生产方式和产业形态创新变革。

二是建设面向重点行业和区域的特色型工业互联网平台。推动行业知识经验在平台沉淀集聚，推动平台在"块状经济"产业集聚区落地，可深化工业数据、技术、工具、资金、人才等资源要素的平台化汇聚、数字化管理和在线化开放，进一步赋能行业和区域发展。

三是发展面向特定技术领域的专业型工业互联网平台。将解决企业数字化转型痛点作为出发点和落脚点，以打造典型场景的解决方案为突破口，推动前沿技术与工业机理模型融合创新，支撑构建新型制造体系，优化和变革企业生产方式、组织形式、商业模式。

2）以企业上云为牵引，加快工业互联网平台的应用推广

企业上云是工业互联网平台建设和应用的切入口，应以推动企业业务系统上云和重点设备上云为抓手，组织开展试点示范，围绕示范标杆、行业推广、区域普及提升平台"点-线-面"应用水平，着力强化平台改造，提升传统产业，带动发展先进制造业能力。制定实施差异化"企业上云"路线图，狠抓平台服务能力建设，加快完善"急用先行"的标准规范，建立平台服务能力目录，对接重点地方、重点行业需求，组织专题报告会、企业诊断咨询、展览体验等活动，加快平台推广普及。

3）推动工业互联网平台互联互通

据工业和信息化部统计，截至 2021 年 6 月，我国当前的各类工业互联网平台接近千家，有影响力的超过 150 家，平台建设者包括制造企业、工业

设备提供商、ICT 信息通信企业、软件企业。如何在平台之间共享协同，推动工业互联网平台互联互通，成为工业互联网在更大范围内发挥作用的重要问题。通过尝试企业主导、市场选择等方式，加快制定平台间数据迁移的标准，探索工业机理模型、微服务、工业 App 的跨平台部署与调用机制，可实现平台间的数据互通、能力协同与服务共享，开展工业数据流转、业务资源管理、产业运行监测等服务。

4.4.3 加强工业互联网平台应用的深度，搭建"智能化""孪生化"发展引擎

如前文所述，我国已涌现出的具有影响力的工业互联网平台有 150 多家，各家平台百舸争流。在初步完成了市场的粗放建设后，目前普遍存在的问题是平台同质化严重，并且缺乏深度应用支撑。对垂直细分场景的理解和相应业务问题的解决能力将是一个重要的方向，因为机理模型是各个工业互联网平台的核心支撑。

1）从工艺机理到工艺智能，提升工业互联网平台的核心能力

由于我国的工业软件建设起步晚、基础弱、经验少，工业互联网平台的数据采集、开发工具和应用服务等能力薄弱，专业算法库、模型库和知识库等 PaaS 平台微服务可提供的能力不足，导致工业互联网平台的应用领域相对单一，严重掣肘了工业互联网平台的建设和应用。

在大型船舶发动机领域，焊接工作占据了日常生产工作的 70%，而该项工作由大量外包工人完成，且外包工人的能力参差不齐。工厂通过制造执行系统（MES）下发工单到焊接工位，工人在接收订单之后启动机器对相应构件进行焊接。在传统情况下，焊接过程中的数据是无法监测的，使最重要的过程环节变成了一个黑箱。在随后的质检环节中，需要将各个构件吊装至专门的质检车间，采用各类无损检测设备，剔除和修复质量不合格的构件，以防不合格的构件被装配到的成品中，导致运行隐患。然而，当发现深层次的焊接质量问题时，与焊接行为本身通常已经脱钩了 3~15 天，往往会导致 2~3 个月的交货延误，造成较大的损失。这种次品很难追溯原因，更不要说如何改进，下一个批次的生产可能又会再次出现这种问题。

通过对工艺机理的掌握和分析，利用工业互联网平台中的数据采集与融合处理技术，让这些问题得到了有效解决。以不低于 1000Hz 的频率对各类工艺参数进行采集，然后基于实时数据库进行快速存储，根据材质特性，以

极高的频率快速调用后端封装好的具体机理算法进行分析。这样，就可以按质检标准实时给出风险分类和定位缺陷位置，从而使得质量问题在焊接环节中即刻解决。

工艺智能可以让事后的质量检测走向实时的在线监测和预测。这是质量管理模式的一种根本性变化，从而可以用很低的成本更早发现问题，减少材料浪费消耗等。

2）与数字孪生结合，促进全生命周期优化

数字孪生以多维模型和融合数据为驱动，通过实时连接、映射、分析、交互、刻画、仿真、预测、优化和控制物理世界，使物理系统的全要素、全过程、全价值链达到最大限度的优化。

数字孪生通过设计工具、仿真工具、物联网等手段，将物理设备的各种属性映射到虚拟空间中，可形成一个可拆卸、可复制、可修改、可删除的数字图像，提高操作者对物理实体的理解。这将使生产更加方便，也将缩短生产周期。当然，数字孪生通过对目标感知数据的实时了解，借助经验模型的预测和分析，通过机器学习可以计算和总结出一些不可测量的指标，也可以大大提高人们对机械设备和过程的理解、控制与预测程度。

基于模型、数据、服务方面的优势，数字孪生正成为工业互联网平台中的关键技术。同时，工业互联网业也成为数字孪生技术扩展应用场景的孵化床，从制造业逐步延伸拓展至更多的工业互联网空间。

在工业领域，通过数字孪生技术，可大幅推动产品在设计、生产、维护及维修等环节的变革。通过对流场、热场、电磁场等多个物理场的仿真，对振动、碰撞、噪声、爆炸等各种物理现象的仿真，对注塑、铸造、焊接、折弯、冲压等各种加工工艺的仿真，对产品的运动仿真，对产品材料力学、弹性力学和动力学的仿真，以及对产品长期使用的疲劳仿真，可帮助产品实现整体性能最优的多学科仿真与优化。其中，数据的接入、孪生模型的承载及可视化均依赖于工业互联网平台来完成。

面向产品的数字孪生应用聚焦产品的全生命周期优化，如 AFRL 与 NASA 合作构建 F-15 数字孪生体，基于战斗机试飞、生产、检修的全生命周期数据修正仿真过程中的机理模型，提高了机体维护预警的准确度。

面向车间的数字孪生应用聚焦生产的全过程管控，如空客通过在关键工装、物料和零部件上安装 RFID，生成了 A350XWB 总装线的数字孪生体，使工业流程更加透明化，并能够预测车间瓶颈，优化运行绩效。

工业互联网平台不断促进硬件/软件捆绑功能的解耦，促进传统工业软件的解构，基于微服务和云架构将传统工业软件重构为工业 App。因此，在 Cyber 空间中不再是与物理设备完全精确映射的数字孪生体，而是将原有数字孪生体打散后重组、重构，建立新型连接关系的数字孪生体。

4.5 工业互联网平台生态体系

工业互联网平台构筑了从数据要素获取到制造资源配置、从制造能力优化再到价值创造的全新生态，该生态的演进将是一个动态优化、迭代发展的长期过程。第一阶段是推动 IT 能力平台化，全面推进制造资源云迁移。相较于传统的 IT 模式，IT 能力平台化更具有大范围快速应用推广的价值，能更加有效地加速制造业的数字化进程。第二阶段是推动 OT 能力平台化，促进制造资源开放合作和协同共享。工业互联网平台基于数字化、模型化丰富的制造资源，为用户和企业制造能力的开放共享与在线协同创造环境，实现制造资源的动态配置和迭代优化，全面提高制造资源综合利用的效率。第三阶段是推进工艺机理与大数据和人工智能深度融合，提升制造业的决策优化与创新能力。通过构建开放价值生态，不断扩大知识创造生态圈，为制造业创新提供强大动能。

目前，还没有一家公司能够独立提供工业互联网平台视角下的"云基础设施+终端连接+边缘处理+工业知识建模+应用服务"等端到端的完整解决方案，制造业龙头企业、ICT 领军企业、互联网巨头、科研院所分别在工业 Know-How、数据技术、平台架构、共性服务等方面各具有优势。因此，工业互联网平台需要聚合各类创新主体，共同构筑开放、共建、共享的创新生态。

4.5.1 工业互联网平台生态建设的四个方面

工业互联网平台的培育涉及数据采集、平台建设、数据处理、建模分析、服务推广等各方面内容，这是一项复杂的系统工程，应当"政府引导、市场主导"，充分发挥市场在资源配置中的决定性作用和更好地发挥政府的引导作用，协同各方力量推进工业互联网平台的建设。要在全社会聚集区加快发展工业互联网、形成强大合力，充分强化系统思维，统筹发挥政府和市场的作用，把有效的市场和有为的政府结合起来，充分调动各方面发展的积极性

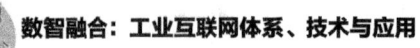

和创造性。

一是发挥政府的推动作用。工业互联网平台虽然经过了几年的发展,但总体上仍然处于起步阶段,政府的引导推动尤为重要。工业和信息化部已经成立了工业互联网领导工作小组,加强对我国工业互联网发展的顶层设计和统筹推进,定期研究和解决工作推进中的重大问题。加强综合协调,强化督导检查,确保各项重点工作扎实有序地推进。要落实责任分工,加强协调配合,及时向工作组提出意见和建议。各地要尽快成立发展工业互联网的领导推进机构,有创造性地抓好工作落实,研究设立工业互联网发展指数、指标,加强过程管理和统筹评估。各级、各部门的领导干部要坚持顶格成立、顶格协调、顶格组织,第一时间研究和解决影响工业互联网发展的问题。

二是充分发挥企业的主体作用和行业协会的作用。由于工业互联网的概念主体、赋能主体和受益主体都是企业,所以必须强化企业的主体地位,充分调动企业的积极性,激发企业的主动性。要坚持用市场逻辑模式,用资本理念,充分考虑大企业和中小企业不同的利益诉求,分类制定激励引导政策,提升企业建设、运用互联网的积极性。在技术攻关、要素对接、人才评价、政策制定等方面,坚持以企业为中心,给企业更大的话语权和决定权,确保各项工作符合企业需求,贯穿市场逻辑。行业协会是连接政府公关管理和企业微观运行的桥梁纽带,要开展工业互联网的知识传播、案例分析、要素供给对接、对外交流合作等工作,充分发挥其平台作用和资源作用。

三是要提升专业化能力和水平。政府主管部门和企业,都需要积极学习工业互联网的知识,及时关注工业互联网的发展趋势,提高运用和管理工业互联网的能力,并积极地运用工业互联网思维推动制造流程再造。同时,鼓励地方深化与中国信息通信研究院、国家工业信息安全发展中心、中国工业互联网研究院等国家级院所的合作,加快组建省市地方工业互联网专家咨询委员会,为重大决策的实施提供支持。

四是大力培育发展工业互联网的浓厚氛围。要组织开展多种形式的工业互联网知识宣传普及活动,提升全社会认识和发展工业互联网的自觉性。要积极谋划工业互联网方面的高端论坛和展会,积极与国内外的互联网权威研究机构和学术级期刊建立合作关系,定期推广工业互联网发展的优秀解决方案和典型案例。要做工业互联网的策源地,要有学术思想、学术精神,要有研究最前沿技术的学术带头人。

4.5.2 工业互联网平台生态建设的四个着力点

1. 众星捧月：围绕工业互联网平台，ICT 赋能合作

虽然我国的工业互联网已经取得了可喜的突破和进步，但是我国的数字化产业升级还处于起步阶段，仍需要 ICT 产业各方加强协同、不懈探索，在助力实体经济数字化转型的同时，实现降本增效。

一是 ICT 技术标准、方案等将不断升级。由于当前工业制造领域使用的通信技术众多，这些技术各有不足且相对封闭，因此工业设备很难通过互联互通形成一张可用的网，对此，在网络标准化方面领先的行业已经采取了积极的行动，如智慧港口的通信标准、智慧煤矿的 5G 建网标准等都在制定和发布过程中。

在技术方案领域，ICT 产业则结合工业领域的需求在不断升级。例如，为了满足煤炭行业的应用场景诉求，必须对 5G 设备进行创新并完成防爆改造，以保障将其发射功率控制在 6W 以下，从而符合井下安全生产防爆的要求。中国移动、中国联通 5G 演进技术 5G-Advanced 行动计划的推出，极大地增强了 5G 在上下行体验速率、高精度定位、连接密度及感知等方面的能力，可更好地赋能于"中国制造"的转型升级。

二是 5G、AI、云、区块链等新技术将进一步融合。长期以来，工业互联网的发展一直面临跨产业合作困难的问题。为此，业界通过深入 OT 核心场景，在边云协同、云网协同、全场景 AI 等方面加速数字化升级，与区块链、AR/VR、物联网等技术融合创新，积极推进 5G/F5G+云+AI+IoT 的协同，以支持各类工业场景和应用。目前，业界已经有了 60 多款 5G 模组，但相较于 4G 模组的 1400 余款产品的种类及价格，5G 模组不仅种类偏少，价格也偏高，导致行业终端难以匹配各行业的市场需求。随着芯片、模组及行业终端厂家创新合作的不断加速，5G 模组的价格也将大幅降低，促进 5G 应用进一步融合发展。

三是政府牵头，头部企业推进，产业生态通力合作，不断丰富行业应用，共同探索发展模式与路径。工业互联网的应用涉及大量技术领域与工业机理，一家服务商难以形成完整的解决方案，需要政府、工业企业、ICT 企业，以及行业集成商等工业互联网各方共同参与，从各个领域汇聚比较优势，合力打造工业互联网联合创新模式。

2. 百花齐放：加大工业 App 的培育与应用

培育丰富的工业 App 是建设工业互联网平台生态的核心，也是工业互联网平台为企业赋能应用的关键。工业 App 面向企业的研发设计、生产制造、技术创新等共性需求，围绕工业基础原理、关键基础材料、核心基础零部件（元器件）、先进基础工艺、产业技术基础等基础共性领域，赋能千行百业。

在特定行业领域或者细分领域，通过对本行业本领域业务的分析和梳理，构建面向行业共性技术和知识的工业 App，形成面向行业或细分领域的工业 App 共性平台，依托共性平台面向企业进行应用推进，减少本行业企业在研发生产过程中的重复建设，提升产品研制生产的效率。行业中的头部企业基于行业和领域优势，提供研发设计、生产制造、经营管理和运维服务等全生命周期的工业 App，为行业解决方案提供支持。在装备轨道交通、汽车等行业，重点打造设计制造协同、生产管理优化、设备健康管理、产品增值服务、质量控制提升、节能减排降碳等离散行业通用工业 App。

在钢铁、冶金、石化等制造行业，企业往往重点打造生产过程状态监测故障诊断、预测预警、工艺优化、质量控制、节能减排等工业 App，促进企业在研发设计、工艺配方配料、生产运行控制、设备监控、能源消耗等方面持续改善，实时掌握生产设备运行的真实情况，使生产设备持续运行在高效平稳的状态，大幅提升投资回报率。

工业企业将成为工业 App 培育的一大主体。制造业企业具有深厚的制造知识沉淀，随着企业的信息化意识越来越强，智能制造的应用模式不断深化，企业逐渐培育信息化团队，加强团队的软件研发能力，有计划地自主开发工业 App，将自身的制造经验、技术和知识以软件的形式沉淀固化下来，作用于工业过程，成为工业 App 培育的骨干和先锋。

海量的第三方开发者将成为工业 App 发展的一个有力推动。随着软件开发平台和工业互联网平台微服务框架的推广应用，大大降低了工业 App 开发的难度和门槛，大量的开发者都可以参与工业 App 的开发，软件开发者将不再局限于平台的运营者和平台客户，有限、封闭的软件开发方式将向海量的、开放的第三方开发方式过渡。

3. 包容并蓄：加强开发者社区建设

汇聚持续更新、富有生命力的企业应用服务是工业互联网平台开放与发展的关键。当前平台借鉴工业互联网云平台软件开发的思想，构建开发者社

区,打破企业和开发者之间的隔阂,让上下游企业乃至同一产业上的众多企业中的开发者可以在同一平台上不断实现应用的开发与创新,同时为开发者汇聚、开放社区建设提供支撑和保障,从技术、内容、工具和服务等多个层面赋能开发者。当前,以开发者社区为核心的工业互联网平台正处于萌芽期。工业互联网平台通过将大量工业技术原理、行业知识和基础模型规则化、软件化、模块化,并将其封装为可重复使用和灵活调用的微服务,降低应用程序的开发门槛和开发成本。但是,由于开源运行机制亟待创新,总体来说,国内开发者社区的资源聚集效应和创新迭代效果尚未完全发挥,开源技术标准化和知识产权保护仍须加强。

随着企业对用户服务体验的不断重视,用户的体验对企业产品的设计制造发挥着越来越明显的引导作用。用户从传统的被动接受者转变成为了企业价值创造的新要素,部分工业互联网平台已开始搭建用户社群,及时响应用户需求与产品反馈,引导企业进行柔性化生产,以更低的成本和更高的生产率对消费者的个性化需求进行快速响应。目前,基于平台的用户社群正加速形成,用户的知识交流与反馈正处于新的变革之中,用户的社区服务已成为企业及时了解用户需求、提升产品设计的一种重要途径。

4. 聚木成林:构建工业互联网平台产业支撑体系

工业互联网平台通过将大量工业技术原理、行业知识、基础工艺和模型工具规则化、软件化、模块化,并将其封装为可重复使用的微服务组件,第三方的应用开发者可以面向特定工业场景开发不同的工业 App,进而构建基于工业互联网平台的产业生态。工业互联网平台不是一项孤立的技术,而是一套综合技术体系的融合应用,是新一代信息技术的有机集成,当前要进一步加强产业支撑体系的构建,加大支持力度,推进关键技术的研发和产业化。

一是制定工业互联网平台的评价指南,支持行业组织发布重点行业的工业互联网平台名录,组织制定工业互联网平台的服务规范,支持开展工业互联网平台能力的成熟度评价,开展工业互联网平台应用的试点示范。

二是开展工业互联网平台的试验测试,推动平台性能优化、兼容适配、规模应用的关键手段是加速技术产业成熟、打造协同创新生态的重要途径。开展跨行业、跨领域的平台试验测试,面向特定行业的平台试验测试,面向特定区域的平台试验测试,面向特定工业场景的平台试验床。

三是实施工业技术的软件化工程,推动工业云操作系统新型工业软件、工业大数据建模分析、微服务组件等核心技术的研发与产业化。

四是构建工业互联网平台的安全保障体系,强化设备、网络、控制、应用和数据的安全保障能力,实现对工业生产系统和商业系统的全方位保护。

五是加强新技术的应用推广,加快边缘计算、大数据、人工智能、区块链等技术在工业互联网平台中的应用推广,如图 4.2 所示。

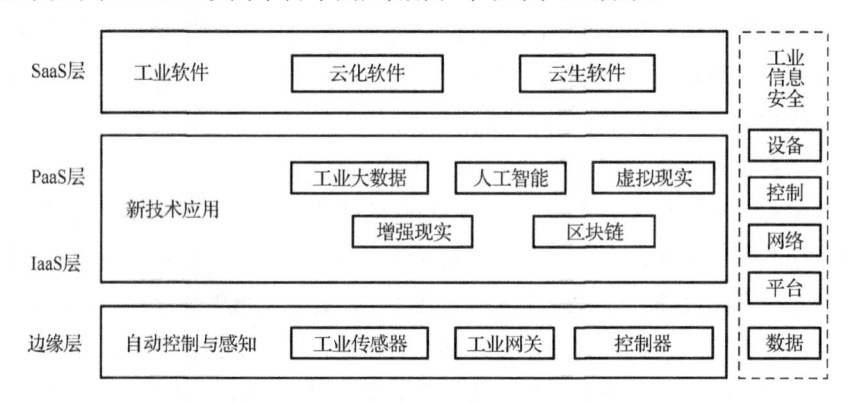

图 4.2 工业互联网平台的产业支撑

4.6 国内典型平台能力与服务应用模式

近年来,我国的工业互联网平台得到迅猛发展,平台的种类和数量激增,各类优秀的平台大量涌现。为帮助企业了解工业互联网平台的典型能力与服务应用模式,本节选取了国内的五个典型主流平台,从平台的总体情况、平台能力、平台服务应用模式等三个方面进行介绍(各平台的相关信息来自公开资料)。

4.6.1 海尔 COSMOPlat 平台

COSMOPlat 平台是海尔面向制造企业转型升级而构建的工业技术软件化通用平台。为满足行业转型的需求,COSMOPlat 平台基于"大规模定制"生产模式打造工业互联网平台,致力于为不同行业和规模的企业提供基于场景生态的数字化转型解决方案,凭借差异化优势引领中国工业数字化转型升级。目前,平台上聚集了上亿的用户资源,已孕育出多个行业生态,企业近 80 万家,并在全球 20 多个国家复制推广,成为全球领先的工业互联网平台,2021 年 12 月,IDC 正式发布《中国工业互联网平台厂商评估 2021》报告,

COSMOPlat 平台位居领导者象限，凭借市场份额领跑行业、战略发展综合能力等优势居中国工业互联网厂商第一。

COSMOPlat 平台的优势主要体现在以下三个方面：①大规模定制模式极具差异化，打造了家电、装备、化工、汽车、石材等诸多的行业应用案例；②解决方案覆盖全产业链，包括研发、生产、经营、服务各个环节；③市场认知度高，工业互联网平台的能力及服务获得用户的广泛关注和认可。

在具体的实践中，COSMOPlat 平台形成覆盖安全生产、节能减排、质量管控、供应链管理等重点领域的场景解决方案。其中，COSMOPlat 平台重点打造氯碱化工安全生产、智慧能源数字化管理、模具全流程定制等典型行业的场景解决方案，备受行业关注和认可。凭借其在化工、模具等多个行业生态的赋能实践，COSMOPlat 平台在大规模定制解决方案和应用案例方面积累了丰富的经验，形成此次 IDC 评估中的特色优势。

1. 平台总体情况

1) 边缘层

在数据源接入方面，COSMOPlat 平台支持新建工厂工业设备的 100%接入，除生产设备外，视频、网络、工装器具、实验室等工厂使用的可通信设备一并接入。协议兼容方面，兼容 80%以上的市场常用硬件及协议。在边缘数据处理能力方面，主要应用在现场端的质量分析上，如噪声检测和视觉检测等。

在数据采集解决方案方面已形成完整的解决方案，集团级、工厂级、产线级和设备级均有相对应的解决方案及产品。

目前，COSMOPlat 平台已接入 10 类（700000 台）设备，接入数据点 2200000 个，接入 13 类（21000 个）产品，接入数据点 120000 个。

2) IaaS 层

COSMOPlat 平台运用海尔集团自建的私有云（私有存储能力达到 100TB，拥有 3200 核的 CPU 和 25600GB 内存，并拥有双线接入大于 50Mbps 的宽带）为网络服务提供支撑。

3) PaaS 层

（1）在业务功能组件（包含微服务组件）方面，海尔集团构建了通用类、工具类和面向工业场景类的业务功能组件。面向工业场景类的业务功能组件包含项目过程管理、项目目标管理和需求交互管理等。

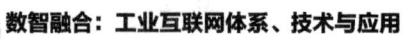

（2）在大数据处理和分析（包括实时和非实时的各类工业数据的处理、建模与分析）方面，提供众多的行业机理模型；提供通用分析算法，如聚类算法、分类算法、回归分析、关联规则、深度学习、数据降维、异常值检测和优化算法；提供数据的存储与管理功能，如数据中台、大数据管理平台和数据资产管理中心。

4）开发者生态

COSMOPlat平台建立了开发者社区，提供Java、C++、Ruby、Objective-C、PHP等开发工具，以及开放的API接口。目前，海尔已拥有约3000人的注册开发者，月平均活跃开发者数量超过1000。

2．平台核心能力

（1）平台集聚能力：COSMOPlat平台聚集了大量用户的有效需求，吸引了设计师、模块商、设备商、物流商等资源，形成了强大的用户和资源优势。例如，其开放的创新子平台可实现用户和专家社群、研究机构、技术公司等的创新交互，提供一流的解决方案；智能制造子平台可实现用户和设备商、制造商等的订单交互，实现过程透明可视。

（2）知识沉淀能力：海尔公司有30多年的制造业实践，覆盖交互定制、开放研发、数字营销、模块采购、智能生产、智慧物流、智慧服务七大业务环节，能将用户需求的小数据和智造的大数据沉淀为可复制的机理模型、微服务与工业App，从而提高企业的升级效率。

（3）平台服务能力：一是用户驱动的智造能力。COSMOPlat平台具备从标准化、模块化、自动化、信息化及智能化方面进行整套升级的能力，使人、机、料互联互通，从而实现用户订单驱动单批量为1的生产。二是产业链整合能力。通过联合企业上下游的设计、智造、服务等资源，形成从定制产品到定制服务的生态能力，如实现了从房车定制到智慧出行定制的升级。

以COSMOPlat平台打造的智慧化工综合管理平台为例，作为全国首个工业互联网+化工园区综合服务平台，它实现了对全省84个化工园区和5000多家企业的实时连接，助推政府数字化管理和科学决策。在郯城化工产业园区，COSMOPlat平台立足产业园的转型需求，运用大数据分析技术，对园区的安全、环保、应急、经济和能源实现一体化综合管控。目前，园区的安全风险管控能力提升了50%，人工投入降低了45%，应急指挥效率也提升了50%。

3. 业务创新发展模式

COSMOPlat 平台的理念是通过"与大企业共建、同小企业共享",同时广纳资源方的生态建构模式,将生态圈越做越大,越做越活。

COSMOPlat 平台作为母平台,它通过与大企业共建多个子平台不断完善"1+X+N"生态体系,打造行业的生态引领力,如与青岛啤酒共建啤酒饮料行业工业互联网平台及全国首个啤酒饮料行业工业互联网示范基地,助力其成为全球首家入选"灯塔工厂"的啤酒饮料行业企业;与宜宾天原集团共建了中国首个氯碱化工行业工业互联网平台,将其经验、模型集成为服务和产品,吸引中小企业,实现化工行业上下游资源方的共创、共赢。

作为小企业数字化转型的赋能者,COSMOPlat 平台整合各类企业所掌握的资源要素,让上平台的企业各取所需。例如,博立科技人工智能公司就以平台为桥梁获得了与中国一汽的"智能网联汽车实时数据还原与分析平台"项目合作。通过平台的数字化转型赋能后,小企业的生产能力、市场响应速度,以及自我迭代更新速度都有显著变化。

COSMOPlat 平台的资源集聚不仅跨行业,更跨领域。除联合杭州安恒信息技术股份有限公司为企业提供数据安全保障外,COSMOPlat 平台还联合网络通信头部企业为企业提升数字通用能力;联合国家超算(天津)中心和清华大学等研究机构提供算力支持;摩尔元数、神州云动、山大华天、上海画龙、兰光创新等则为上平台企业提供软件、App 的定制开发服务。

COSMOPlat 平台的无限开放性是其赋能实力的不竭源泉,作为工业互联网生态的引领者,COSMOPlat 平台将秉持开放、增值、共享的理念,与各行各业的合作伙伴一道共建中国数字化转型新生态。

4.6.2 航天云网 INDICS 平台

2015 年 6 月,航天科工集团投资约 13.2 亿元人民币注册成立二级单位航天云网科技发展有限责任公司,打造我国自己的工业互联网平台 INDICS。INDICS 平台于 2015 年 6 月 15 日正式上线。2021 年 6 月,工业互联网平台 INDICS 2.0 创新成果重磅发布。INDICS 2.0 平台是我国工业互联网平台领导者 INDICS 平台的升级版,是我国航天科工"数字航天"战略的关键支撑和航天云网"NEW PAGE"新基建战略的最新实践,INDICS 平台正推动工业互联网迈入新一代工业互联网时代,助力产业链现代化与工业高质量发展。

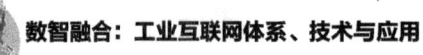

目前，INDICS 平台已面向航空航天、电子、机械和汽车4个重点行业、16个细分领域，提供了2000多个智能化项目及服务，形成了84个数字化解决方案；在京津冀、长三角、珠三角、西南、东北等区域，建设了工业互联网赋能中心；与清华大学、同济大学、北京科技大学等高校合作，建设了产教融合实训室和实训基地；牵头建设和运营中央企业工业互联网融通平台，目前已汇聚15个中央企业平台资源，962个工业App，164个数字化转型解决方案，7542个科技创新成果。

INDICS 2.0 平台具有"五新"的特点。

（1）新一代工业操作系统。可连接人、机、物，工业全要素、全产业链、全价值链，具有"自感知、自学习、自决策、自执行、自适应、自优化"等智能特征，支持云边一体、混合云架构，支持数字生态资源智能感知接入与共享重构，加速云端业务的迭代与升级。

（2）新一代平台体系。通过多维度、系列化的平台产品，构建全价值链平台体系，打造新一代"未来工厂"，支撑产业链和供应链强链、补链、固链，推进先进制造业和现代服务业深度融合。

（3）基于新一代模型的系统工程引擎。以数字孪生+数字主线为特色，强化制造资源的优化配置与协同能力，实现产品全生命周期的监测、诊断及预测，虚实融合的产线仿真和过程优化，供应链断点与堵点风险监测，产能的调度平衡。

（4）自主可控的新一代航天云基础服务。基于自主可控的数据中心，形成全新的航天云基础设施和安全体系，具备从边缘侧到云端的全链路安全能力与自主可控产品的服务能力，支撑"数字航天"战略的全面实施。

（5）新赋能业态。提供"赋能政府数字治理、赋能企业数字化转型、赋能产融结合、赋能人才培养、赋能产业融合发展"五类核心场景解决方案，创新区域经济高质量发展数字赋能新业态，促进产业融合发展。

1. 平台总体情况

INDICS 平台在 IaaS 层自建数据中心，在 DaaS 层提供丰富的大数据存储与分析服务，在 PaaS 层提供工业服务引擎、面向软件定义制造的流程引擎、大数据分析引擎、仿真引擎和人工智能引擎等服务，以及面向开发者的公共服务组件库和200多种 API，支持各类工业应用快速开发与迭代。

INDICS 平台提供 Smart IOT 产品和 INDICS-OpenAPI 软件接口，支持工

业设备/产品和工业服务的接入，实现"云计算+边缘计算"混合的数据计算模式。平台对外开放自研软件与众研应用 App 共计 500 多种，涵盖智能研发、精益制造、智能服务、智慧企业、生态应用等全产业链、产品全生命周期的工业应用能力。

如图 4.4 所示，INDICS 平台一共包含五个层级，从下至上分别为资源层、工业物联网层、平台接入层、INDICS 云平台层、工业 App 层，每一层都具有自己的特色和优势。

（1）资源层，支持各类工业设备、工业服务和工业产品的接入。INDICS 平台具有机械加工、环境试验、电器互联、计量器具、仿真技术等 21 类工业设备的接入能力。

（2）工业物联网层，实现各类工业设备的通信互联。INDICS 平台支持 OPC-UA、MQTT、MODBUS、PROFINET 等主流工业现场通信协议的通信互联，支持现场总线/工业以太网、有线通信网、无线通信网的互联。

（3）平台接入层，实现工厂/车间的云端接入。INDICS 平台提供了 SmartIoT 系列的智能网关接入产品（标准系列、传感器系列、高性能系列）和 INDICS-Open API 软件接入接口，支持"云计算+边缘计算"混合的数据计算模式。

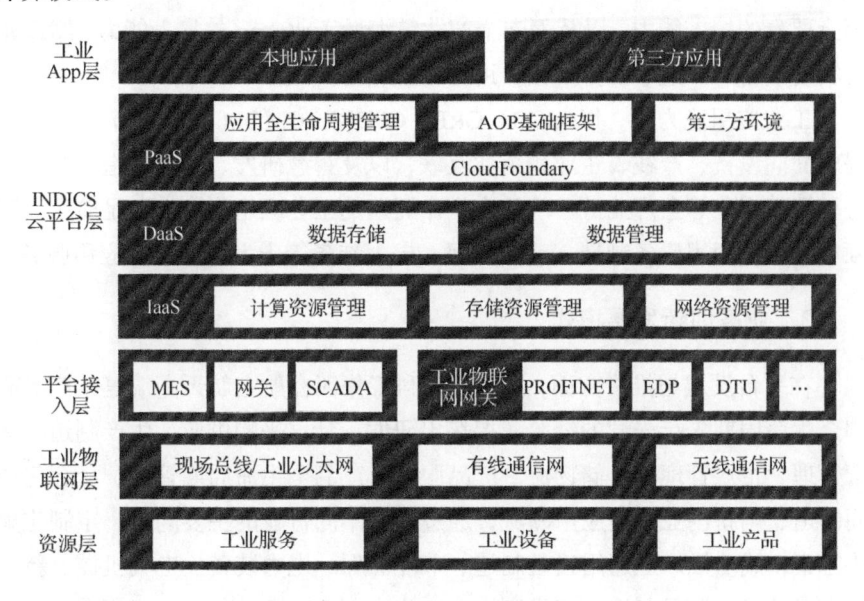

图 4.3 INDICS 平台

（4）INDICS 云平台层，提供云资源管理、大数据存储和管理，以及应用支撑公共服务等云服务功能。INDICS 平台以业界主流的开源 PaaS 云平台 CloudFoundry 基础架构作为底层支撑架构，有效支持工业云的能力扩展；自建有数据中心，直接提供 IaaS 层和 PaaS 层的基础云服务。

（5）工业 App 层，提供工业应用服务。INDICS 平台提供了智能商务、智能研发、智能管控和智能服务等制造全产业链的工业应用服务功能。

2. 平台核心能力

平台服务能力上，INDICS 平台提供弹性伸缩 CloudFoundry 和 K8S+Docker 两种容器化运行环境，支持应用快速部署和运行，提供 700 多种开放 API，构建可扩展、开放式的云操作系统；面向工业领域，提供微服务引擎、面向软件定义制造的流程引擎、大数据分析引擎、仿真引擎和人工智能引擎等服务；同时，在 PaaS 层，还提供了第三方环境，用于实现各行业工业互联网平台向主平台的接入。

平台接入能力上，INDICS 平台基于标准开放的工业物联网协议，提供研发、生产、仿真试验等多种工业服务的接入能力，机械加工、电子封装、环境试验等工业设备的接入能力，智能产品和智能互联产品两大类工业产品等全要素的接入能力，以及面向全产业链海量工业 App 的接入能力，帮助企业实现设备、产线、业务上云，助力企业转型升级。

工业应用能力上，以 CCO、CRP、CPDM、CMOM、COSIM 为核心，提供面向设备、产线、企业和企业互联，以及智慧研发、精益制造、智能服务、智慧企业等全产业链、产品全生命周期的工业应用能力，立足航空航天领域，面向通用设备制造、节能环保、电力装备等十大行业提供应用服务。

3. 业务创新发展模式

在平台发展与推广方面，依托航天科工集团在航空航天高端复杂产品研制全生命周期先行先试的经验，提炼出研发设计、采购供应、生产制造、运营管理、企业管理、仓储物流、产品服务、产品全生命周期管理、社会化协同制造、创新创业十大应用领域，通过结合不同行业的主要问题，定制化解决方案，成功推广至通用设备制造、节能环保、电力装备、电气机械、新一代信息技术、模具制造、家具制造业、汽车制造和石油化工九大行业。

在区域平台建设应用方面，针对区域制造业的发展瓶颈与迫切需求，首

先为区域政府提供平台搭建服务，配合政府主体做好企业用户的推广和应用教育培训，收集需求进行平台的优化和完善，引导一批核心种子用户开展云端业务；其次，致力于促进企业业务成交功能和服务的完善，并引入政府层面的企业服务，同时提供给政府更多宏观和微观的数据分析服务，便于政府引导和管理企业。在此基础上，建设运营区域工业云，围绕大数据服务、专有云支持的区域企业协同、智能制造和两化融合等业务方向，打造立足区域、辐射全国、面向全球的工业云公共服务平台，建设开放、协同、高效、共赢的工业云端生态环境，整体提升区域的信息化水平与核心竞争力。

在业务创新、服务模式创新方面，平台深度融合制造技术与新一代人工智能技术、新互联网技术、新信息通信技术，以"云制造+边缘制造"的新型应用架构推动协同研发和协同生产等社会化资源协同发展；同时提供产融结合服务，通过金融服务平台，在供应链金融、支付结算、股权融资等方面拉近工业企业与资金的距离，振兴实业。

4.6.3 树根互联 ROOTCLOUD 平台

三一集团作为全球领先的工程机械制造领军企业，业务遍及全球 100 多个国家和地区。三一集团投资孵化了树根互联技术有限公司，旨在基于三一丰富的制造业经验，运用物联网、大数据、云计算、机器学习、人工智能等新技术，打造根云（ROOTCLOUD）平台，并以 ROOTCLOUD 平台为核心，建设开放、共建、共享的工业互联网产业生态。

2016 年 12 月，树根互联技术有限公司正式发布以"赋能万物，连接未来"为愿景的 ROOTCLOUD 平台。ROOTCLOUD 平台具有完全自主的知识产权，定位为通用、中立的工业互联网平台，致力成为数字化转型的"新基座"。树根互联技术有限公司构建了基于 ROOTCLOUD 平台的物联接入产品、工业 App、数据智能与创新应用，通过跨行业、跨领域的工业互联网平台为工业企业提供低成本、低门槛、高效率、高可靠的数字化转型服务。

ROOTCLOUD 平台着力于强化工业互联网平台纵深发展，它是帮助客户打造从设备接入、物联呈现到行业应用的端到端深度价值解决方案的运营平台，赋能工业企业落地工业互联网价值解决方案的端到端成本最低、效率最优、可靠性最强。目前，ROOTCLOUD 平台已接入近 30 万台各类机器设备，涵盖工程机械、纺织机械、农机、港航设备、电梯、太阳能电站设备等多个类别，实时采集数千种参数，已在多个行业的十余家实体经济企业

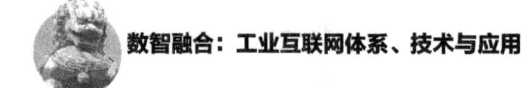

完成技术验证和提供示范性服务。

1. 平台架构

ROOTCLOUD 平台通过 OpenAPI 将平台的能力向公网开放，帮助用户解决工业通信协议众多、接入过程复杂、数据存储成本高、异构数据种类繁杂、融合困难等问题。同时，将企业的多级账户管理体系与平台打通，简化了认证授权的烦琐步骤，对角色和权限统一管理，极大地降低了维护成本。

树根互联技术有限公司充分发挥作为平台商的行业集成能力，围绕云存储、物联通信、工业应用软件开发、产业链金融等环节拓展战略合作伙伴，与腾讯、华为、联通、用友、久隆保险等一批生态链企业建立了合作关系，共同为客户提供端到端、即插即用的服务，在提升工业企业智能制造水平、提高设备全生命周期效率、引导企业拓展新业务模式等方面成效显著，ROOTCLOUD 平台的架构如图 4.4 所示。

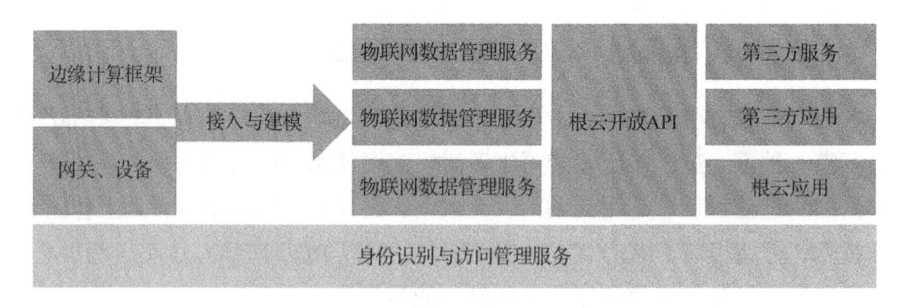

图 4.4 ROOTCLOUD 平台的架构

2. 平台核心能力

（1）快速的物联能力。创新性地将连接模型和物模型分离，极大地提高了设备接入的效率，大大减少了物联业务的修改与变动带来的方案变化，真正实现了自助、高效、低成本。

（2）先进的大数据和 AI 平台。提供工业数据管理、数据开发、在线机器学习等工具平台，将企业每个部门的数据从不同的数据库抽取、整合；将数据分析师的工作流式化，简化开发编程，结合内置的数据处理算子，一键实现抽取、转换、加载；通过可视化界面，提供机器学习代码的在线调试与数据的在线训练等功能。

（3）构建开发者生态。根云开发者平台提供统一的开发框架、行业业务

组件服务、OpenAPI、SDK、基础资源环境、DevOps和运营管理能力，赋能生态合作伙伴和工业企业快速开发、部署、运维与运营工业应用。

（4）快速构建行业云。基于多层级、多租户的架构，可弹性地混合云部署架构与多级运营架构体系，开放安全的服务调用接口和技术改造能力，形成行业云融合能力中心，帮助行业龙头企业高效地构建行业平台，积极推动行业云生态的快速建设。

3. 业务创新发展模式

ROOTCLOUD平台致力于实现行业赋能，连接工业资产，打通连接层、平台层、应用层，提供端到端的一站式工业互联网产品，业务范围覆盖工业机器人行业、钢铁行业、汽车汽配行业、包装机械行业、化工行业、工程机械行业、环保行业、煤炭矿山行业、有色金属行业、发动机行业、智慧园区、机床行业、工业窑炉行业、纺织行业、流体机电行业（空压机/压缩机）、注塑行业、家电产业链、新能源装备行业、定制家居行业等数十个垂直行业。

围绕公司的生产运营与供应链等核心业务，通过透明化生产、智慧供应链、产业链协同和商业智能运营，全面提升企业的管理水平，成就卓越的运营体系。围绕公司的产品、营销及服务业务，通过开展数字化营销、提供智能化服务、提供产品研发创新与商业模式创新，持续打造核心业务的优势。

ROOTCLOUD平台也初步形成了上下游紧密衔接的产业生态格局，围绕云存储、物联通信、工业应用软件开发、产业链金融等环节，树根互联技术有限公司与华为、腾讯、中国移动、中国联通、SAP、IBM等一批生态链企业建立了紧密的合作关系。

ROOTCLOUD平台积极开展工业互联网业务创新，树根互联技术有限公司与久隆财保、康富国际、浙商银行建立紧密合作关系，为客户提供准信贷服务、设备租赁服务和保险服务；与三一重工等大型工业设备企业合作，推出基于设备画像、用户画像、设备健康档案三维决策的在外货款预警服务等。

ROOTCLOUD平台首次实现了国产工业互联网平台的"走出去"，形成了国际竞争力，分别在德国、南非、肯尼亚等国帮助客户实现智能服务、安全生产，提升了基建效率。

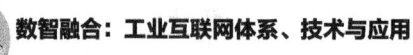

4.6.4 徐工汉云平台

汉云平台由徐工集团的下属企业江苏徐工信息技术股份有限公司于2016年12月创建。基于70多年工业知识的沉淀和30多年数字化经验优势打造的汉云平台，致力于成为世界最具价值的工业互联网平台。

汉云平台是国家级的双跨工业互联网平台，获得省部级行业级重磅奖项44项，服务企业超20000家，覆盖一带一路28个国家，涵盖工程机械、装备制造、智慧城市、有色金属、建筑施工、教育、新能源汽车、石油化工、能源等80多个行业，打造了20个行业子平台。为跨行业、跨领域的客户提供可衡量的价值，为工业互联网的生态体系持续赋能，为中国制造业高质量发展、为振兴实体经济积极助力。

1. 平台总体情况

汉云平台为企业提供工业互联网"端-云-用"一体化数字化能力，拥有强大的设备连接、数据采集和边缘计算能力，对海量工业数据进行汇聚、管理、分析，提供工业机理模型、应用开发和数据可视等能力，轻松实现App快速开发满足各种工业场景的特定需求，助力企业数字化转型。

1）边缘计算网关

汉云智能网关提供设备连接、数据采集、边缘计算能力，覆盖超过95%的工业协议，可为用户提供实时、安全的设备到云端的数据传输和处理能力，支持与MES等信息系统实现数据共享、业务打通。采用时下最成熟的Arm Linux系统架构，具备在复杂环境下稳定运行的能力。既支持简单的加、减、乘、除运算，又支持基于Lua语言和JS的数字库，强大的脚本语言支持客户自定义边缘计算规则。提供卓越的数据接入能力，支持超300余种的工业通信协议，具备深厚的国内外厂商控制器通信报文解析能力。支持串口、以太网口数据采集侧和WiFi、2G/3G/4G、WAN口连网上报侧的物理接入方式。

2）行业应用

汉云平台深入分析行业中的关键需求，以一体化的数字化能力为客户提供覆盖需求、研发、生产、运营、服务等全价值链的解决方案，从全局视野优化企业的经营，并提供设备画像、物流车辆智能管理、车联网行业应用、刀具管理、云SCADA、配件协同平台、云MES等工业App。

基于汉云平台提供的各种模型、工业微服务等底座，以应用场景为驱动，覆盖了纺织行业、服装行业、环保行业、建筑行业、物流行业、智慧城市等行业，同时打造了车联网智慧管廊等解决方案，满足不同行业和领域的客户需求。

2．平台核心能力

1）强大的边缘接入能力，快速实现设备互联

简单、快速、低成本地实现产品、生产设备及 IT/OT 系统的互联互通，提供按服务收费方式，支持接入协议处理灵活扩展。

平台提供丰富的接入支持，支持 2000 多种设备类型的快速接入；平台的设计能够满足百万级用户接入、亿级设备接入，支持大模块的并发接入和处理。

2）高效的数据分析能力，轻松驾驭工业大数据

平台中预置了多种工业大数据存储、管理及分析服务，贴近上层业务需求，为后续的数据分析计算提供开箱即用的算法模型，显著缩短了后续分析计算中的数据再处理路径。

3）丰富的场景化解决方案，让平台在工业落地交付

平台沉淀了大量的工业知识和行业经验，建设了丰富的开发测试环境、机器学习工具；结合生产工艺、精益管理、智能服务、资产管理等多领域业务专家的咨询，进行技术能力适配，形成了丰富的解决方案与应用案例，让平台在企业中真正落地。

3．业务创新发展模式

在行业推广方面，汉云平台采用"公有云+私有云"并举的方式。面向大中型企业，部署以满足个性化需求为主的私有云平台，满足客户对数据私密性的要求，打造其在行业中的典型应用；面向中小型企业，推广标准化服务的公有云平台，降低企业的 IT 建设成本，形成示范效应。

在生态构建方面，引导客户主动参与，扩大生态战略合作。依靠平台的建设能力和多年的业务沉淀，形成完善的生态框架，为上层业务提供快速开发、部署和测试的能力。客户可基于自身业务需求进行上层应用开发快速体验平台；通过举办工业 App 大赛，扩大平台的推广范围，提高影响力；与装备制造、工业自动化、人工智能、工业软件、信息安全、云计算等多领域企业进行生态战略合作，在设备连接、平台技术、平台安全、应用与解决方案等方面不断加强，形成合力。

在业务创新方面，除了采用传统的部署实施费、服务费，还对业务的盈

利模式进行了创新,把平台为企业带来的效益和节省的成本作为平台的部分收益。这种模式受到企业客户的欢迎,如在能耗优化类项目中,与客户签订能源节约利润分成协议,项目实施费用由服务方承担,服务商在最终节约的能耗成本中获取收益。此类模式还运用在产品质量优化、资产利用率优化等可量化实施效果的项目当中。

4.6.5 东方国信 Cloudiip 平台

北京东方国信科技股份有限公司(东方国信)成立于 1997 年,于 2011 年在深圳创业板上市(300166),业务遍布全球 50 多个国家和地区,在全国 31 个省市设有分支机构,拥有 7000 多人的研发及服务团队。

东方国信以"深耕工业、掘金数据、互联万向、智造未来"为发展理念,以打造自主可控、具有国际竞争力的工业互联网平台为愿景,于 2017 年 12 月发布 Cloudiip 平台,形成了包含一系列产品和整体解决方案的东方国信自主研发的工业互联网平台。

1. 平台总体情况

Cloudiip 平台面向精益研发、智能生产、高效管理、精准服务等领域,提供 167 个云化软件和 1350 个工业 App,累计服务全球 46 个国家的 2260 家大型工业企业,横跨 29 个工业大类,接入炼铁高炉、空压机等 20 类 60 余万台设备,并汇聚全球上万名活跃开发者,形成资源富集、开放共享、创新活跃、高效协同的工业互联网平台生态。

2018 年,Cloudiip 平台入选国家跨行业、跨领域工业互联网平台专项及国家制造业与互联网融合发展试点示范项目和工业互联网试点示范项目。2019 年和 2020 年,Cloudiip 平台入选工业和信息化部跨行业、跨领域工业互联网平台。

在研发创新方面,Cloudiip 平台实现完全的自主可控,包括工业物联平台、工业大数据平台、工业数据科学云平台、工业企业开发平台、行云数据库等拳头产品。同时,Cloudiip 平台在区块链、工业机理模型、工业算力等方面加大研发力度,以完全自主可控的技术助力企业数字化转型。

在"大数据+工业互联网+算力资源"方面,东方国信利用其 20 余年构建的完整大数据技术体系,以及东方国信公有云强大的算力资源,为企业上云提供数字化、网络化和智能化的一站式解决方案。

在"5G+工业互联网+边缘计算"方面，东方国信从5G小基站和接入网组网建设入手，与工业互联网紧密结合，解决工业场景下的融合通信问题；通过建设垂直行业的边缘云系统，与东方国信布局的数据中心和公有云组合构建云边协同平台，满足高时效应用对新型基础设施的需求。

在"标识解析+工业互联网"方面，东方国信开展工业互联网标识解析二级节点、工业互联网标识解析实训和成果转化平台建设，在通用设备、食品等行业实现落地，推动设备和数据体系的标识工作，进而加速推动企业数字化转型。

2. 平台核心能力

经过多年的建设与应用，Cloudiip平台已服务于冶金、电力、化工等20个工业行业大类，覆盖安全生产、节能减排等9大应用领域，连接了百万余工业设备，开发了万余工业App。

（1）全面的物联能力。Cloudiip-IoT是东方国信自主研发的，集工业数据采集、接入、计算、存储、服务、开发于一体，为工业企业数字化转型、生产管控、流程优化、智能制造提供服务的数据采集体系。Cloudiip-IoT由边缘网关（Cloudiip-Link）、平台接入（Cloudiip-Access）、平台计算（Cloudiip-Lab）、工业应用集（Cloudiip-Apps）构成，为工业企业提供集数据采集、计算、存储、开发、分析等全企业信息化建设流程的解决方案。平台提供116种工业协议、89种边缘计算算法、185个边缘智能模型的智能网关，具备对设备、软件、人员等生产要素数据的全面采集能力。

（2）海量数据管理能力。东方国信积极响应国家的两化融合战略，将大数据分析挖掘建模能力与工业生产深度融合。自主研发的BONC图灵引擎（Turing Turbo）是一款一站式的人工智能平台，是面向数据科学家、数据工程师和业务分析师的企业级AI解决方案。集数据连接、数据探索、特征工程、算法实现、模型开发、数据可视化、模型发布及管理于一体，为团队和个人提供了一个协作的项目空间，大大提高了工作效率，帮助企业快速实现AI与业务的融合。

（3）跨行业、跨领域服务能力。围绕设备管理优化、研发设计优化、运营管理优化、生产执行优化、产品全生命周期管理优化、供应链协同优化等工业应用场景，利用工业大数据和工业机理模型的技术优势，构建面向炼铁、水泥、火电、煤炭、锅炉等行业/领域的云平台。完成了对国内外300多座炼

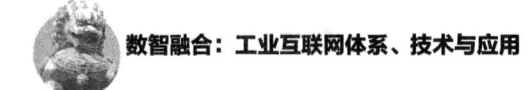

铁高炉、火电、水泥设备的数字化服务，实现了数据管理标准化、业务开发工具化、项目实施产品化、业务应用深度化、知识运用人才化等目标。

3. 业务创新发展模式

Cloudiip 平台按照国家"分类施策、多层次平台发展体系，形成中央地方联动、区域互补的协同发展机制"的要求，提供省级、市级、行业和专项服务级子平台，已经覆盖冶金、装备、水电、风电、热力、电子、建材等多行业，并提供微众资产、设备实时监测、生产运行管理实时监测、产品远程数据服务、通用软件服务，以及空压机、旋转机械等设备的专项服务子平台。

Cloudiip 平台是一款架构完整、应用多元的工业互联网平台，充分结合东方国信的大数据核心实力与工业实践经验的积累，服务全球 35 个国家近万家企业，覆盖行业年产值超万亿元，每年帮助企业创效上百亿元，减排千万吨级，应用于生产过程优化、企业管理与决策优化、产品全生命周期优化、企业间协同制造、业务模式创新多个场景。

在行业推广方面，东方国信立足现有行业子平台，横向拓展行业覆盖。例如，利用炼铁行业平台技术的积累拓展冶金行业，利用轨道交通行业平台的业务沉淀拓展高端装备行业。通过与行业龙头企业战略合作，开展工业互联网应用创新。

在生态构建方面，东方国信从工业互联网产业基金、工业互联网双创开发者大赛、工业互联网开发者社区等方式，建设和完善工业互联网平台生态体系。其中，工业互联网产业基金提供资金支持；工业互联网双创开发者大赛、工业互联网开发者社区提供沟通平台，为第三方开发者基于工业互联网开展创业、创新提供全方位的支持与服务，推进工业互联网生态建设。

参考文献

[1] 中国电子信息产业发展研究院. 工业互联网创新实践[M]. 杨春立，孙会峰主编. 北京：电子工业出版社，2019.

[2] 李颖，尹丽波. 虚实之间：工业互联网平台兴起[M]. 北京：电子工业出版社，2019.

第 5 章

产业园区工业互联网发展指数评价体系

产业园区和园区经济是我国经济发展的重要基石,也是地方政府发展和培育产业的关键抓手,国家"十四五"规划纲要的"第十五章 打造数字经济新优势"明确提出要加快产业园区的数字化改造。工业互联网是数字经济与实体经济深度融合的主要载体,与产业园区的深度融合将助力园区经济和园内企业发展转型。

5.1 背景与意义

产业园区作为制造业集群发展的重要载体,在促进地方经济增长、产业发展创新等方面起着重要作用。产业园区正从传统的生产经营管理方式加速向智能化转变,工业互联网在园区的转型升级中具有重要应用潜力。据统计,截至 2019 年,省级以上产业园区获批工业和信息化部智能制造综合标准化与新模式应用项目达 100 多个,占总项目数的 21.4%;获批工业互联网试点示范项目达 41 个,占总项目数的 27%,获批制造业与互联网融合发展试点示范项目 80 个,占总项目数的 24%。

当前,各地主要的产业园区纷纷以创新引领和数据驱动为核心,围绕"产业数字化"、"数字产业化",坚持数字赋能,推动园区数字化转型发展。一方面,加快园区大脑及数字化管理平台的建设,实现园区的高效运营管理,通过打造先进的园区运营管理平台,实现园区资产、招商、运营、政策申报、综合安防、物业管理等全线上管理。另一方面,加快数字基础设施建设、平台搭建和应用示范,推动智能制造发展。通过推动数字化车间、智能工厂建设和智慧园区改造,全面推动工业互联网进园区、进企业,探索产业集群、产业集聚区数字化转型。

为了进一步推动产业园区制造业的高质量发展，我们对制造业园区工业互联网的发展指数进行了研究，选取了我国 100 家国家级经开区和国家高新区作为研究对象，建立了"五维"评估模型，从发展环境、基础设施、融合能力、创新能力和发展成效五个维度，对制造业园区工业互联网的发展指数建立了评价指标体系，旨在推动产业园区积极探索数字化转型发展新路径，推动信息技术应用由加工制造环节向研发、设计、服务等环节延伸，推进新一代信息技术与先进制造业深度融合，为园区提升综合竞争力提供参考，推动制造业质量变革、效率变革、动力变革。

5.2 产业园区工业互联网发展指数评价体系

5.2.1 "五维"评估模型

遵循科学、系统、可操作性等原则，编者从发展环境、基础设施、融合能力、创新能力和发展成效五个维度构建了先进制造业园区发展"五维"评估模型，并结合"十四五"时期工业互联网与制造业发展的应用趋势，科学全面地评估国家级产业园区在先进制造业方面发展的综合水平。

发展环境指标从政策环境和交流环境的角度衡量各园区工业互联网的外部环境；基础设施指标主要考察园区为工业互联网发展提供的硬件支撑，通过标识解析数量和算力基础设施数量两个方面展现基础的支持情况；融合能力指标主要从企业上云、上平台的情况和示范项目数考察园区企业与工业互联网的融合深度；创新能力指标主要考察工业互联网领域的高新企业数量、科研实力，体现各园区在工业互联网领域的研究和创新能力；发展成效指标主要从工业互联网示范项目、企业发展和产业带动等角度反映各城市工业互联网的发展成效。

5.2.2 指标评价体系

产业园区工业互联网发展指数评价体系将前述五个维度作为一级指标：发展环境、基础设施、融合能力、创新能力和发展成效。在一级指标下面，包括 15 项二级指标，若干二级指标下又包括三级指标，如表 5.1 所示。

本评估体系提出的评价模型遵循工业和信息化部《工业互联网创新发展行动计划（2021—2023 年）》的指导方向和建设内容，统筹考虑建设、运营、管理和成效，同时评估模型相对稳定，能够反映工业互联网园区的内涵、特

征和发展阶段,具有较强的科学性。评价内容和评价指标以定量为主,并结合定性分析,评价指标数据可采集、可量化、可分析,评估方法切实有效,具有较强的可操作性。在评价指标设置和权重设置上,充分考虑工业互联网及工业互联网园区的发展方向、发展重点,在新能力建设、新模式探索等方面给出较高的权重,具有较强的引领性。最后,本评估体系给出的评价模型是基础的通用要求,后续可以根据园区工业互联网发展的实际需求进行调整和扩展。

表5.1 产业园区工业互联网发展指数评价体系

一级指标	权重	二级指标	权重	三级指标	权重
发展环境	0.2	政策环境	0.4	工业互联网政策数量	1
		产业带动	0.3	规上工业总产值	1
		交流环境	0.3	工业互联网大型峰会数量	1
基础设施	0.2	网络基础	0.6	园区网络基础设施	0.5
				标识解析应用情况	0.5
		算力基础	0.4	算力基础设施数量	1
融合能力	0.2	企业上云上平台	0.2	工业互联网平台数	0.5
				上云企业数量	0.25
				上云企业占比	0.25
		示范项目	0.4	工业信息化部工业互联网试点示范项目数量	1
		两化融合水平	0.4	园区工业领域两化融合水平	1
创新能力	0.2	创新主体	0.3	高新企业、高校、科研院所数量	1
		研发投入	0.3	根据各园区的研发经费比重,评估园区在科创层面的投入水平	1
		科研能力	0.4	科技论文数量	0.5
				专利数量	0.5
发展成效	0.2	经济发展	0.3	工业互联网产值	1
		试点示范	0.3	获评工业互联网、智能制造、两化融合等国家级试点示范项目数量	1
		产业链协同水平	0.2	园区工业强基示范项目数量	1
		绿色制造水平	0.2	统计各园区是否为国家循环化改造试点园区、绿色产业示范基地,评估园区绿色制造发展水平	1

5.3 发展指数计算方法

产业园区工业互联网发展指数评价体系的计算采用合成指数法，总指数由一级指标按照一定权重加权计算得出；一级指标由二级指标加权得出；二级指标由三级指标按照一定权重加权计算得出。具体计算方法如下：

$$w = \sum_{i}^{l}\sum_{j}^{m}\sum_{k}^{n}\alpha_i\beta_j\gamma_k y_k$$

其中：w 为产业园区工业互联网发展指数总分；α_i 为第 i 个一级指标权重；β_j 为第 j 个二级指标权重；γ_k 为第 k 个三级指标权重；y_k 为第 k 个三级指标得分，其取值范围为 0~100，计算方法为

$$y_k = \frac{x_k - x_{\min}}{x_{\max} - x_{\min}}(b-a)$$

其中：x_k 为指标评估数据的实际值；$x_{\min}$ 为最小阈值；$x_{\max}$ 为最大阈值，最终分值限定在$[a, b]$区间内。本评估体系中，$a=0$，$b=100$。

5.4 发展指数领先园区分析

根据产业园区工业互联网发展指数评估模型，我们对我国 100 家国家级经开区和国家高新区进行评价分析，得到 2021 年产业园区工业互联网发展指数排名，前 20 名如表 5.2 所示，这类园区属于工业互联网发展的第一梯队，在新理念、新技术、新应用上面有较高的接纳程度和实施意愿，同时已经率先开展工业互联网相关基础设施搭建和平台搭建工作。这类工业互联网发展水平比较好的园区，主要有以下特点。

（1）连通供销市场，提升销量。园区通过工业互联网平台连通需求侧的市场，有更方便的订单获取渠道和更广泛的平台知名度，吸引更多采购方进行数字化销售采购业务。

（2）实时监控生产设备，提升效率。这部分园区及区内企业往往有较为稳定的营销渠道和产品市场占有率。通过工业互联网，在获取订单之后，可以及时将设备运转效率和生产状态反馈给管理者，管理者通过调整生产计划提升企业接单能力，从而改善经营效益。

（3）打通供应链，节省成本，及时反馈供应链供给情况。大型产业园区企业供应链覆盖面积较广，供应商分布在多个不同省份。借助工业互联网连

接供应链，能够及时调整上游供货渠道，充分提升供应链采购效率，采购性价比最高的上游原料，降低成本，并保障供应链持续可靠运行。

表 5.2　中国产业园区工业互联网发展指数排名前 20 名

排　序	园 区 名 称	得　　分
1	中关村科技园区	87.1
2	北京经济技术开发区	81.1
3	上海张江高新技术产业开发区	66.1
4	广州经济技术开发区	59.9
5	深圳市高新技术产业园区	58.6
6	广州高新技术产业开发区	55.5
7	苏州工业园区	52.0
8	武汉东湖新技术开发区	50.7
9	杭州高新技术产业开发区	48.0
10	成都高新技术产业开发区	47.5
11	西安高新技术产业开发区	47.0
12	济南高新区	45.8
13	无锡高新技术产业开发区	44.1
14	长沙高新技术产业开发区	42.1
15	天津经济技术开发区	41.4
16	南京高新技术产业开发区	41.1
17	青岛经济技术开发区	40.3
18	厦门火炬高技术产业开发区	40.1
19	合肥高新技术产业开发区	38.9
20	郑州高新区	37.5

第 6 章
工业互联网赋能应用案例

工业互联网的发展是一项长期、艰巨、复杂的系统工程,目前我国的工业互联网尚处于发展初期,整体呈现蓬勃发展的良好局面,近年来已涌现出一批知名的工业互联网平台,形成了一系列的创新解决方案和应用模式。如图 6.1 所示,根据 2019 年工业互联网白皮书对国内外 366 个平台案例的分析发现,当前工业互联网平台的应用主要集中于设备管理服务、生产过程管控、企业运营管理与资源协同配置四大类场景。

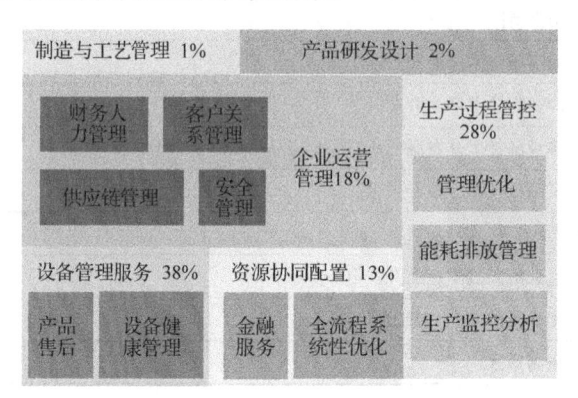

制造与工艺管理 1%	产品研发设计 2%
财务人力管理 / 客户关系管理 / 供应链管理 / 安全管理 / 企业运营管理 18%	生产过程管控 28% / 管理优化 / 能耗排放管理 / 生产监控分析
设备管理服务 38% (产品售后 / 设备健康管理)	资源协同配置 13% (金融服务 / 全流程系统性优化)

图 6.1 工业互联网平台应用分布

由于平台数据分析深度和工业机理模型复杂程度的不同,不同行业的工业互联网应用发展处于不同的阶段。设备管理服务类和生产过程管控类应用的系统结构相对简单,机理模型较为明确,在电力、石化、钢铁等流程制造业和高端装备领域已形成了预测性维护、质量检测、产品溯源等典型应用模式;企业运营管理类应用面对的管理系统复杂程度较高,逻辑较为复杂,目前主要针对局部流程进行优化改进,在电子设备、金属制造等行业形成了供

应链管理优化、生产质量优化等应用模式；资源协同配置类应用目前还没有成熟的设计优化体系，主要依托平台实现资源的汇聚和产业上下游的供需对接，仅在部分领域实现了协同设计、协同制造等应用模式。下面将介绍工业互联网的一些典型应用。

6.1 设备预测性维护

6.1.1 概念

设备预测性维护（Predictive Maintenance，PdM），也被称为预知性维护或策略性维护，是近年来新兴的一种设备维护方式。狭义概念的预测性维护借助传感器、通信等技术采集设备的生产数据，基于工业互联网平台的分析预测设备关键部件的变化趋势、产品寿命和潜在风险，提前预判设备零部件的损坏时间，并且能精准定位到故障所在，主动提前进行维护服务；广义概念的预测性维护把维护管理纳入了预测性维护的范畴，是一个系统的工程，它将状态监测、故障诊断、状态预测和维修决策多位融合为一体，基于状态监测进行故障诊断和状态预测，最终得出维护决策。

传统的设备运维检修模式主要有被动维护和预防性维护两种：前者在故障发生后进行设备维修，又称为事后维修或故障后维护；后者依据以往的设备运行经验进行定期检修，或者以设备的状态分类为依据进行预见性维修，属于事先维修。实际经验表明，事后维修的模式往往会造成维修不足，而事先维修则有可能造成维修过剩且对突发事件的应对能力不足。另外，针对大型设备的故障维修往往需要拆解整个设备进行故障定位和排除，费用高昂，效率低下，安全隐患高。这些问题的存在都大大降低了企业的生产效率和经济效益，因此在制造业数字化转型的背景下，为了精准、高效地对设备进行维护，变被动维修为主动预防，避免设备非计划停机，降低设备的维护成本，越来越多的企业开始采用设备的预测性维护模式。

预测性维护最大的价值是全局考虑所有设备的运行状态，采用基于剩余使用寿命（RUL）的预测方法，结合特定设备的运行机理模型，对每台设备的状态进行分析，以最低成本为优化目标，得到全局最优的维修策略和排程计划率。其优点具体如下：

- 准确度高、针对性强，不同于传统方法基于既有经验（工厂同类设备的平均寿命统计数据）来计划安排维护计划，预测性维护直接监控设

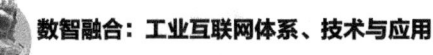

备的状态参数,通过数据分析判断设备的运行状态和故障类型,并进行状态预测,以确定合适的处理方法。
- 全局统筹,减少停运(总维护)时间,最小化维护成本,提高了整个生产线的可靠性和使用寿命。
- 基于故障分析精准定位故障类型和故障部位,减少维护工作量,降低劳动强度,降低检修费用,有利于减员增效,提高经济效益。

6.1.2 实施方法

设备预测性维护的实现包括数据采集、预测分析、现场维护、运营监控四个环节,如图 6.2 所示。数据采集通过传感器实现设备的识别和数据信息的采集,如利用振动传感器监测旋转机械的外壳振动、利用红外传感器监测蒸汽设备的温度、利用激光传感器监测运动设备的位移;预测分析环节利用数据分析技术,结合工业机理模型和机器学习算法,识别设备的故障和预测设备状态的发展趋势,主要流程如图 6.3 所示,其中,模型选取用于确定处理数据的具体模型,数据预处理用于提高数据的信噪比,特征工程用于提取数据的特征向量,超参数优化用于确定模型参数,模型评价利用测试集数据评估模型效果,模型部署将模型运用到实际的生产系统;现场维护基于检测或预测到的故障类别,在故障发生前通知维修人员采用相应的维修策略进行现场维护;运营监控实时监控设备的运行状态,基于预测分析结果制定维护计划,降低非计划停机时间。

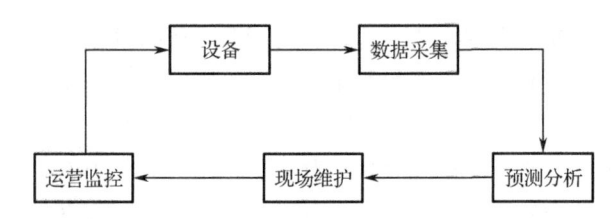

图 6.2 设备预测性维护示意图

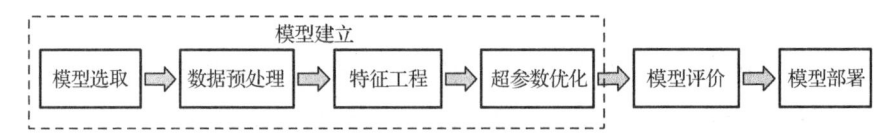

图 6.3 预测分析环节流程图

6.1.3 案例

美国电力公司（AEP）设备预测性维护方案：美国电力公司在 2017 年与 ABB 公司开展合作，借助工业互联网平台 ABB Ability，制定设备预测性维护方案。在此之前，美国电力公司主要采用事先维修的模式，通过现场检查的方式对设备的运行数据进行分析，根据产品手册中的使用寿命对设备的零部件进行定期的维修与更换，不仅工作效率较低，而且时常面临高压设备带来的安全危险。通过采用预测性维护方案，ABB 公司为美国电力公司的变压器、断路器和蓄电池分别加装了 8600 个、11500 个和 400 多个传感器，对设备进行数据采集并上传至 ABB Ability 平台进行诊断与分析，通过数据统计、模型参照、大数据计算等方法对设备进行监控分析，并形成有效的资产管理方案。同时为变压器搭配多功能智能仪表盘，呈现运行状态、故障概率分析和维修行动建议等信息。凭借 ABB Ability 平台，美国电力公司可以实时监控设备参数，实现设备预测性维护。高压设备的运行与维护风险降低了 15%，设备寿命延长了 3 年，维护成本降低了 2.7%，设备维护效率提高了 4%，维护策略成效提升了 8%，有效降低了设备的维护成本。

未来，随着工业互联网平台的不断深入、各行业机理模型的不断发展，设备预测性维护将得到进一步发展。同时，为了满足工业实时性要求，降低网络和 IT 资源的消耗，设备预测性维护功能将逐步向边缘设备延伸，如微软的 Azure IoT、IBM Watson IoT、PTC ThingWorx、博世的 IoT、通用的 Predix Machine、施耐德的 EcoStruxure、东芝的 SPINEX 等平台都在边缘侧集成了规则引擎，在边缘识别并警告质量缺陷和安全风险等，并将云端训练形成的机器学习和深度学习模型推送到边缘设备上运行。例如，西门子的 MindSphere 开放式平台在边缘控制器上集成分析引擎，可通过运行 RMS 速度、零峰值速度、波峰因数等七类算法进行振动分析，实现旋转设备的预测性维护。

6.2 产品溯源

6.2.1 概念

产品溯源是指结合产品特性给每件产品赋予唯一的标识码作为"身份编码"，在产品生产、存储、分销、物流运输、市场稽查、消费、回收的整个生命周期过程中，利用标识技术记录和查询产品的状态、属性、位置等信息

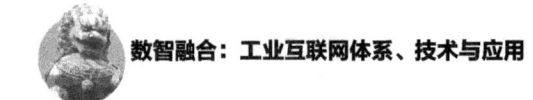

的过程，其目的是全方位记录产品的数据信息，查看产品流向的动态信息，实时掌握产品的市场大数据，同时促进企业内部信息系统之间、企业之间、企业和用户之间信息的有效共享、互联互通，实现企业资源优化配置，提高工业企业的网络化、生产效率和企业的核心竞争力。

产品溯源最早是1997年欧盟为应对"疯牛病"问题而建立并完善起来的食品安全管理制度，随后部分发达国家和地区陆续开展了各自的产品溯源建设。美国在2002年推行的"生物反恐法案"中要求食品企业必须建立可追溯制度，全过程记录食品运输、配送、进出口等流通过程；欧洲制药工业协会联合会（EFPIA）在2006年2月联合药品供应链中各利益相关集团，建立了一套在欧洲范围内通行的药品电子监管系统，即欧洲药品验证系统（EMVS），以解决欧洲多国各自的药品电子监管系统编码标准不统一的问题；日本于2003年推出《食品可追溯制度指南》，用以指导各企业建立食品可追溯制度。近年来，我国政府也对产品追溯给予了高度关注，2015年12月国务院办公厅发布《关于加快推进重要产品追溯体系建设的意见》，旨在统一标准，互联互通，健全标准规范；2016年，国家标准委办公室和商务部办公厅联合提出《国家重要产品追溯标准化工作方案》，明确要围绕重要产品追溯体系的建设现状和发展需要，加强重要产品追溯标准化工作统筹协调，科学规划食用农产品、食品、药品、农业生产资料、特种设备、危险品、稀土产品追溯标准体系，加快基础共性标准的制定和实施，发挥"标准化+"效益；2017年，原国家质检总局、商务部等十部委联合印发了《关于开展重要产品追溯标准化工作的指导意见》，明确了开展重要产品追溯标准化工作的重点任务，提出加紧研制追溯基础共性标准，为试点示范提供指导。

6.2.2 实现方法

工业产品信息追溯系统基于中央数据库，以链式追溯的形式，从不同的层次对工业产品的全生命周期信息进行追溯，实现工业产品从设计规划到报废回收全过程的信息传递过程。图6.4所示为产品溯源系统的框架。

在制造环节，需要通过标识技术，如条形码技术、IC卡技术、射频识别（RFID）技术、光符号识别技术，对工业产品进行唯一标识，给每个产品提供一个可以存储产品信息的载体，并将其链接至初始数据库。随后在工业产品流经的每个环节（制造环节、销售环节、物流环节、售后环节、回收环节）通过自动识别工业产品的标识码，将产品的销售数据、物流信息、售后数据

等上传至数据库进行实时更新。数据库存放于工业产品信息可追溯服务平台，对于存入的数据，平台对其进行统一分类管理，实现产品的信息查询、质量追责等，同时可提供 API，供专业开发者对数据进行清洗、分类、计算等二次处理，实现工业产品的故障诊断、优化设计等功能的扩展。基于工业产品信息可追溯服务平台，可以开发移动端应用，通过移动端应用扫描产品标识码，对数据库中的产品信息进行查询，实现与产品链上各环节企业的无障碍交流，享受工业产品依靠服务平台提供的增值服务。

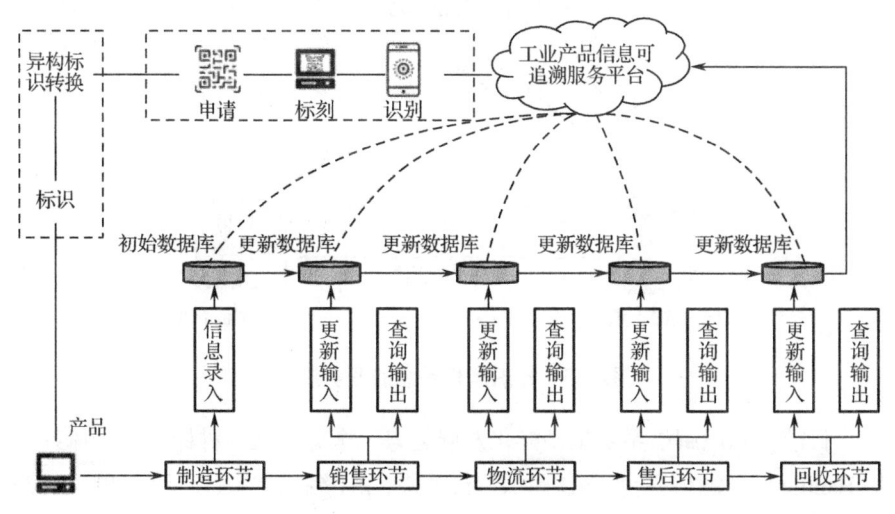

图 6.4 产品溯源系统的框架

6.2.3 标识解析技术

标识解析技术是实现产品追溯的关键技术。类比互联网技术，标识类似于互联网域名，赋予每一个实体物品（产品、零部件、机器设备等）和虚拟资产（模型、算法、工艺等）唯一的"身份证"，实现资源的统一分类和管理；标识解析类似于互联网域名解析，通过唯一的标识查询存储数字对象的服务器地址或直接查询数字对象的相关信息及服务。标识解析系统的业务流程如图 6.5 所示。

标识解析系统是工业互联网的重要基础设施。在物联网领域，标识解析作为关键的基础资源，用于实现物品、设备和信息的识别与管理；互联网领域则采用 DNS 域名服务系统实现整个网络的互联互通。因此，工业互联网作为物联网的延伸，标识解析系统是实现工业环境中设备、系统、数据、网络互通的基础设施和重要基础。工业互联网以连接"人、机、料、法、环"为目的，

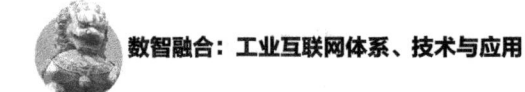

与物联网相比，工业环境所包含的工业制造设备、工业控制系统、工厂网络环境、异构信息均具有更强的复杂性。同时，工业互联网的软硬件设备专业性强，多来自不同的供应厂商，生产数据结构不统一，这就导致了工厂内外及供应链上下游数据的不互通，信息交互存在壁垒，严重影响工业互联网的发展。

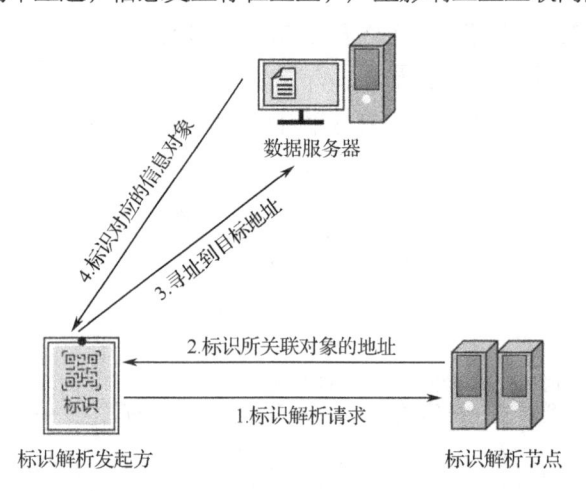

图 6.5　标识解析系统的业务流程

目前，标识解析系统呈多样化发展趋势，全球存在多种标识解析体系，如 Handle 标识解析平台、OID 标识解析系统、GS1 编码体系，以及我国的 Ecode 编码体系、NIOT 标识解析平台等。同时，为了促进各行业和地方也纷纷构建基于产品特点的标识解析平台，如我国的易码追溯平台、稀土产品溯源平台、航天云网横沥模具产业追溯平台等。标识解析系统作为工业互联网的基础设施，在产品追溯、供应链管理等应用中发挥着基础性支撑作用，我国的各行业领域应用中已形成了一批具有一定规模的、能够实现兼容互通的标识解析系统。

6.2.4　异构识别技术

在同一类工业产品的标识体系中，标识代码和工业产品对象之间的映射关系是唯一确定的，一个工业产品对象有且只有一个标识代码，即"一物一码"。然而，当多种工业产品标识体系共存时，不同类的标识代码具有不同的形式或结构，一个工业产品对象就可能同时具有多个标识代码，即"一物多码"。将工业产品因多种标识体系共存而产生的标识结构异形的特性称为工业产品的标识异构性。在工业互联网中，工业产品标识异构性的存在，导致无法用统一的方法对标识进行识别，因此严重阻碍了工业产品之间的互联

互通。建立标准化的工业产品标识体系是消除工业产品标识异构性的一个重要途径，但目前的现实情况是，无法在短期内实现全范围的工业产品标识体系的标准化，因此实现工业产品异构标识的转化成为实现工业产品信息追溯的另一个重要途径。

异构识别技术旨在解决产品追溯编码不一致、全生命周期"一物多码"的问题，其实现方法大致分为两步：①采集产品追溯异构标识的特征，使用单字规则、长度规则和函数规则等方法描述产品的标识特征，获得相应的规则信息并分类存储，其中单字规则描述标识中字节的位置和取值范围，长度规则描述标识的长度，函数规则描述标识中字节之间的关系；②根据存储的规则信息对用户录入的物联网标识字符串进行规则匹配，从而得到录入的标识字符串所属的标识种类，并输出标识识别结果。

我国根据国内现有国情，以及工业互联网发展的需要，于 2015 年 9 月由我国物品编码中心首次提出自主可控的物联网编码国家标准《物联网标识体系物品 编码 Ecode》作为我国的通用标识编码规则，对物联网环境下的每个"物"都设定唯一的标识代码，且针对当前多种编码方案共存的现状，兼容各种编码方案，适用于物联网各种物理实体和虚拟实体。近年来，我国物品编码中心也在不断推进"工业互联网标识体系"系列标准的制定工作，推动 Ecode 在工业互联网各领域的广泛应用。

6.2.5 案例

天益医疗设备追溯案例（来自中国物品编码中心网站）：宁波天益医疗器械股份有限公司（简称天益医疗）是一家集研发、生产、销售于一体，拥有先进设备和优异制造环境的知名三类医用耗材生产企业。随着医疗器械唯一标识（UDI）的推广，国家相关政府监管部门要求医疗器械实现 UDI 数据合规编码、赋码并实现 UDI 数据的管理和上传。而天益医疗的旧设备只能喷印三期（生产日期、有效期、批号），没有 UDI 码的功能，UDI 合规落地实施的需求迫切。

天益医疗的 UDI 改进实施方案包括：对旧设备进行改造，在原有设备上加装符合标准规定的 UDI 喷印设备，最大限度地降低改造成本；改造设备采用惠普原装打印模块，对医疗器械进行高质量的 UDI 喷码；采用视觉检测系统收集 UDI 数据并上传存储。该方案不仅实现了 UDI 符合标准化落地，也完美实现了 UDI 数据的管理与上传。

6.3 质量检测

6.3.1 概念

当前工业领域中大量企业的质量检测环节是由人工质检实现的，即主要依靠肉眼进行缺陷识别。除此之外，少量企业使用传统机器视觉技术进行质检。这些方式有一些显著痛点，如：人工质检存在的主观因素对判定结果影响较大，难以实现标准化；人工质检存在视觉疲劳，无法保证全时段内产品质检的准确率；部分场景下人工质检会影响一定的人身安全；人力成本不断提升；人工质检无法对历史结果进行有效的积累和利用，对自动化生产流程的适配性较弱；传统视觉质检依赖于物体的规则度，需要持续调参，模型优化困难，且对不规则的背景和物体的缺陷识别准确率较差；由于传统视觉技术的缺陷，无法实现模型共享，且无法移植/复制模型，模型共享性差。

"传感器+工业互联网平台"的人工智能检测模式以其能通过传感器有效采集和汇集设备参数、运行参数、质量检测等数据至工业互联网平台，并对数据进行分类筛选、预处理，通过大量数据的在线分析，实现质量在线检测和异常分析功能，降低产品不良率。同时，随着5G与AI技术逐渐成为智能制造，以及垂直行业应用中的一项基础共性技术，工业互联网作为载体推动其在更广泛的工业领域落地应用，如"5G+人工智能"，让质量检测更高效、更迅速。

6.3.2 实施方法

人工智能检测系统由光源、产品、终端感知设备（如工业相机、激光扫描仪等）和云计算平台构成，如图6.6所示。光源用于给图像采集提供光环境，将工业相机或激光扫描仪等终端感知设备部署在生产现场，用于高清图像的采集，并通过内嵌通信模组或外部部署的5G网关等设备，将采集到的图像发送至大数据管理云计算平台；大数据管理云计算平台首先根据一定数量的样本数据进行模型训练，生成检测算法模型，然后根据该模型对实时数据进行处理，将处理结果与系统中的规则或模型要求对比，判断物料或产品是否合格，实现缺陷实时检测与自动报警，并有效记录瑕疵信息，为质量检测提供数据基础。

第 6 章　工业互联网赋能应用案例

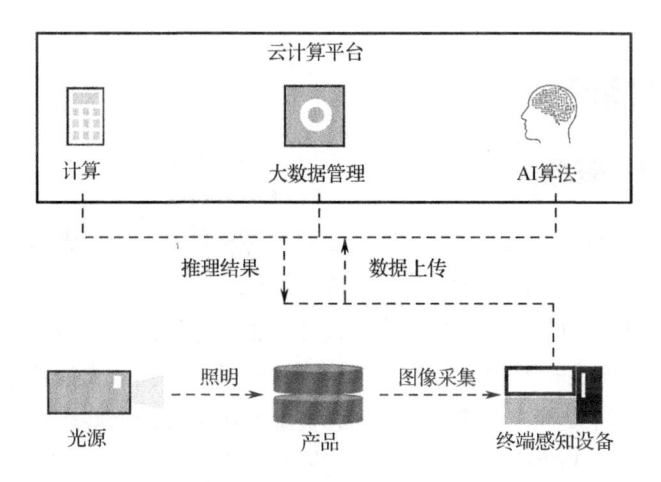

```
┌─────────────────────────────────────────────────┐
│                  云计算平台                      │
│   [计算]        [大数据管理]        [AI算法]     │
└─────────────────────────────────────────────────┘
         ↑ 推理结果      ↓ 数据上传
   [光源] → 照明 → [产品] → 图像采集 → [终端感知设备]
```

图 6.6　人工智能检测系统

6.3.3　案例

鞍钢信息产业公司基于 5G 的机器视觉带钢表面检测案例（来自中国发展网）：2021 年，鞍钢信息产业公司联合鞍钢集团北京研究院，研发出了基于 5G 的机器视觉带钢表面检测平台，并在鞍钢股份冷轧厂生产现场进行了部署应用，实现了带钢生产质量的实时检测，在提高成材率的同时减少了带钢缺陷造成的断带和伤辊换辊停机时间。同时，基于 5G 网络实现了分系统数据共享，基于大数据管理云计算平台实现缺陷大数据计算及深度学习模型共享，每套系统每年可为现场带来 180 余万元的经济效益。

带钢在制造过程中极易出现划痕、擦伤、结疤、黏结、辊印等不同类型的表面缺陷。因此，表面质量检测已经成为带钢生产企业提高产品质量和产量的重要一环。基于 5G 的机器视觉带钢表面检测平台，是针对冷轧带钢产线开发的一套表面质量检测系统，通过部署工业相机拍摄高清图片，利用 5G 网络将采集到的 4K/8K 高清图像上传至云端平台，平台通过 AI 视觉分析算法对图像进行处理分析，完成带钢表面缺陷的实时检测。同时，通过高速相机可在极高速的带刚轧制过程中，通过检测带钢表面的反光斑马条纹获取带钢的平整度，从而调节张力辊。整个平台系统基于分布式架构及智能控制分析系统，集成了图像采集与信息处理技术、图像处理技术、图像压缩与通信技术、缺陷识别与分类技术及嵌入式应用技术等多学科技术，实现在冷轧带钢高速生产条件下在线分析与存储冷轧带钢表面质量信息的目标，大大提高生产效率和产品质量，进而提高了企业竞争力。

6.4 协同设计

6.4.1 概念

随着产品向智能化、集成化方向发展，逐渐集声/光/电/热/压等传感器、嵌入式系统、网络通信、接口等于一体。传统设计采用串行迭代的模式，按照产品寿命周期的各个过程顺序进行设计，整个过程需要经历人员组建、设计工具购买、硬件环境搭建等过程，生产流程长，需投入大量资金、人力，且因为各产品开发标准、流程等不同，资源无法进行云端共享，设计资源利用率低，这就需要集中社会资源进行协同设计。

协同设计是指为了实现某一设计目标，利用计算机技术、多媒体技术和网络技术，支持工作群体成员在共享环境下协同工作、交互协商、分工合作，它支持多个时间上分离、空间上分布且相互依赖的工作协同完成。

6.4.2 实施方法

协同设计的实施方法有两种。

一是产业链上下游的协同。工业互联网平台分别将产业链上下游的合作伙伴和产品的最终用户都整合到研发活动中，直接将用户需求贯彻于整个产品的设计过程中，同时充分发挥互联网平台分布式协同的优势，实现从最终产品、生产工艺到零部件、原材料的各合作伙伴全过程协同。产业链上下游协同大大改进了企业的研发模式，有利于大幅提高研发效率，降低研发成本。

二是全球研发资源的协同。企业可以通过工业互联网平台汇集世界范围内不同领域的专家及设计人员，将设计能力、设计经验等数据存入数据库，同时将企业需求通过工业互联网平台上传，平台根据其需求在数据库中为其匹配对应的设计团队，为企业客户快速生成解决方案。

工业互联网平台是实现产业链上下游协同和全球研发资源协同的重要手段，可以针对设计工具采购成本高、设计资源利用率低的问题，通过协同多角色共同参与，实现设计资源优化集成、模糊设计需求的柔性处理与智能推送，促进用户、设计人员、工程人员、销售人员的协同创新。平台打造标准化的设计云资源池、产品池、能力池，可实现多种能力。能力池包括设计人才、设计知识、设计流程等；云资源池包括加工设备、运行数据、工业机理模型、算法模型、工业园区、行业资源等。协同设计产品包括协同设计软

件、生产管理软件等。工业互联网平台采用分层结构。其中，IaaS 层能实现多源异构数据的接入和海量数据的并发处理；PaaS 层支持设计资源与能力的组件化存取；在 SaaS 层集成 CPDM 协同设计、虚拟仿真设计等云端协同设计工具，为用户提供多元化的设计软件租用服务。最终达到设计过程的透明化监管，实现设计师与制造企业的异地协同作业，帮助企业缩短设计研发周期，节约软硬件资源，降低设计过程中的管理成本，提高设计服务效率。

6.4.3 案例

河南航天液压气动公司产品协同设计案例：河南航天液压气动技术有限公司隶属中国航天科工集团，是国内航天液压气动产品领域优秀的供应商，提供生产、科研、制造、装配、试验、检测的全链条服务。在以往的产品研发生产过程中，存在不同流程之间沟通效率低、资源利用率低、产品重复开发、数据不互通、产品设计周期较长、产品质量无法保证等问题。为了解决上述问题，河南航天液压气动公司与航天云网合作，利用 INDICS 平台：一是实现云端设计，基于云平台建立涵盖复杂产品多学科专业的虚拟样机系统，实现复杂产品的多学科设计优化；二是实现与总体设计部、总装厂所的协同研发设计与工艺设计；三是实现跨企业计划排产，从 ERP 的主计划到 CRP 的能力计划再到 CMES 的作业计划的全过程管控，实现计划进度采集反馈与质量采集分析。借助 INDICS 平台，河南航天液压气动公司的产品研发设计周期缩短 35%，资源有效利用率提高 30%，生产效率提高 40%，产品质量一致性得到大幅度提高。

6.5 供应链管理

6.5.1 概念

供应链管理就是围绕核心企业，通过对信息流、物流、资金流的控制，实现对研发设计、材料采购、加工制造、制成产品、运输、销售整个过程的一体化管理。它是将供应商、制造商、分销商、零售商直到最终用户连成一个整体的功能网链模式。工业互联网应用于供应链管理，可实时跟踪产线物料的消耗及上下游的供给情况，结合库存情况安排供应商进行精准配货，有效提高生产效率，降低库存成本，提高决策效率。

我国传统制造行业的市场需求趋于饱和，竞争日益激烈，原材料价格上

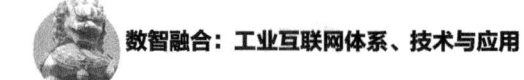

涨压力通过产业链向中下游传导，挤压传统制造行业的利润空间。现阶段，制造企业迫切需要转型升级和生产经营管理模式创新。而在产业供应链管理方面，供应商分布广、供应物流链长、供应信息分散、物料品种多、协同交互要求高等问题阻碍了我国供应链体系向安全、高效的方向持续发展。具体表现在以下几个方面。

- 由于参与者包含产业链上下游的众多企业及用户，各环节过于琐碎和分散，断层严重。
- 整段链条的可视化程度低，差异化的零散需求过多（长尾效应），大大增加了运营成本。
- 供应链系统智能化低，大部分运营操作来自个人经验，传承难、推广难。
- 供应链的标准化程度普遍偏低，需要投入大量的客制化服务来解决需求，却又受制于从业人员素质的参差不齐。
- 高新技术产业及制造业企业大多聚焦于新技术的生产与研发，对供应链的关注度不够，以至供应链长久被忽略，企业外大部分服务商都只着重于仓储、配送，而不是对整个供应链进行统筹管理。
- 企业只能依据各自独立的预测和需求信息确定运营策略，使得销售数据不能及时反馈到生产端，供应链的效率受到极大的抑制，这就产生了经济学上所说的"孤岛"现象。

因此，通过全产业链全面深入融入数字经济，协调并整合供应链中的所有活动，达到供应链整体最佳化，使整个供应链成为无缝连接的一体化过程是发展的必然趋势。要达到这一目标，采用传统的管理方式很难实现，这就需要借助工业互联网技术，在供应链的各个环节中使用先进的信息技术进行改造，极大地提高供应链的管理效率。2017年10月，国务院出台《国务院办公厅关于积极推进供应链创新与应用的指导意见》（国办发〔2017〕84号文），明确提出到2020年，形成一批适合我国国情的供应链发展新技术和新模式，并建立覆盖我国重点产业的智慧供应链体系。2018年9月，商务部发布《关于全国供应链创新与应用试点城市与企业评审结果的公示》，确定北京等55个城市成为全国供应链创新与应用试点城市，269家企业成为全国供应链创新与应用试点企业。

6.5.2 实施方法

供应链与工业互联网融合，需要通过互联网的方式把全链条要素串联起来，使整个行业的全产业链以"互联网+"为核心纽带，实现从原材料采购一直到终端销售、售后服务的信息互联互通。"供应链+工业互联网"的智能供应链运筹管理以供应链数据库为核心，以数字化、互联协同、智慧化的供应链平台为基础，通过获取和分析全程的供应链核心大数据，打破琐碎和分散的信息孤岛，链接全产业链，实现全流程的数字化和可视化，最终达到优化库存、降低物流成本、提高客户订单满足率、降低运营成本、逐步增加收入的目的。

供应链数据与平台是实现供应链可视化和获得情报的关键。首先建立安全智慧的平台，通过混合云部署的方式增强开放的灵活性，配合企业构建全面而统一的企业架构。同时，开放应用编程接口（API），对生态系统合作伙伴的数据进行安全且高效的整合，这些信息包括企业资源信息（如库存、产量等）、环境信息（如天气、路况等）、政策资讯（如新闻、经济指标等）和市场信息（如价格、供需信息等）。接着，平台使用 AI 技术对数据进行模拟、建模和预测性分析，以评估库存、网络、需求波动和供应能力，为企业供应链管理提供决策帮助。例如，对于供应商企业，基于 AI 的工业互联网平台可在整个交付周期中查看全球多个地区的天气和运输数据点，平台系统可使用这些信息，自动检查内部、合作伙伴以及其他供应链的库存，为用户提出建议及解决方案，帮助缓解零部件供应延迟所带来的影响。

6.5.3 案例

2020 年新型冠状病毒肆虐全球，口罩成为防疫最需要、最紧急的物资之一。山西省侯马经济开发区为支持抗疫防控工作，解决口罩供不应求的问题，在 2020 年 2 月份联合海尔卡奥斯 COSMOPlat 工业互联网平台，紧急启动医用口罩防护用品生产线项目。项目基于 COSMOPlat 工业互联网平台提供的供应链生态能力，整合机械设备、生产原材料、智慧采购、智慧医疗等相关业务力量，依托海尔工业智能研究院前瞻性布局的智能制造等关键共性技术，以及数字供应链操作系统，为侯马市提供了医疗口罩端到端的全流程解决方案，在 48 小时内完成了核心产线、设备、原材料等生产资源的调配，且在 6 天内完成了从生产资源调配到生产线调试完毕进行试产，并实现了日产 10 万只口罩的目标。

6.6 智慧园区

6.6.1 概念

作为我国中小企业发展的重要组织形式和载体，智慧园区是发展高新技术产业、促进产业聚集的重要平台。截至 2021 年 4 月，我国共有各类国家级开发区 634 家、省级开发区 2094 家，全国各类工业园区超两万个。园区的快速发展和科学技术的不断成熟与完善，推动了园区内企业的信息化和园区环境的智能化，但也存在一些问题，如园区内各系统之间存在信息孤岛，没有形成信息共享和一体化管理，园区的管理和服务体制滞后，不能适应经济快速发展的步伐和满足企业对高效、优质服务的需求。

因此，随着产业的不断发展，各个利益相关方对园区也产生了新的诉求：对于各级政府，需要政园结合，推动区域经济发展；对于园区建设运营方，需要园区产业结构布局合理，产业生态协同发展，园区管理提质增效；对于园区内企业，需要园区能够提供精准的供需对接、开放共享的资源和高质量的服务管理。

为了满足以上要求，"工业互联网+智慧园区"逐渐成为未来园区的建设趋势。智慧园区的总体规划如图 6.7 所示，其建立在全面数字化的基础上，以高质量发展为目标，实现园区的智能化管理与运营。智慧园区依靠工业互联网平台、云计算、AI 算法等信息技术，指导园区建设，对园区进行数字化

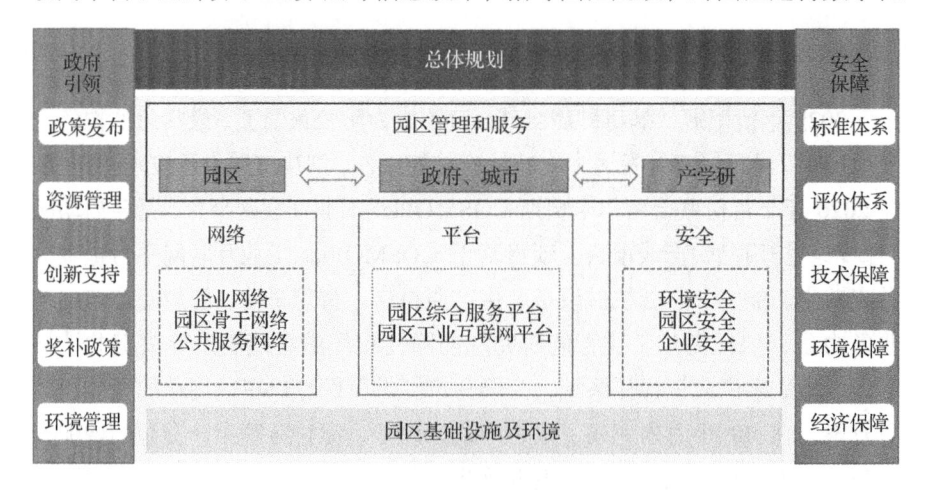

图 6.7 智慧园区的总体规划

改造，通过网络（物联网）、平台和安全三大体系，将园区内分散的、互不关联的物理基础设施、信息基础设施、社会基础设施与商业基础设施链接起来进行统筹管理，以提供准确、高效、灵活的园区服务。企业入驻园区后，可通过园区平台实现生产、管理、业务等快速上云，提升生产、管理效率，共享园区内部、城市、区域乃至世界的开放资源，从而实现商业模式的突破、市场动态的快速响应。政府通过工业互联网平台可以构建园区之间的协作通道，在把握园区产业动态和企业信息的基础上，提高决策的准确性，实现精准扶持和有效监管。

6.6.2 实施方法

工业互联网智慧园区的建设主要包括网络建设、平台建设和安全建设三部分。网络建设是基础，包括企业网络、园区骨干网络和公共服务网络。通过对工业企业内网的改造，推动信息技术（IT）与生产控制（OT）融合，打通"信息孤岛"和"数据烟囱"，提升园区的信息传输能力与信息感知能力；升级工业企业的外网，实现产业链各环节的泛在互联与数据的顺畅流通，推动园区服务和产业协同发展。园区的网络建设可参考工业互联网产业联盟发布的《工业互联网园区网络白皮书》，园区的网络架构设计必须满足未来3～5年的使用需求，提高整网的利用率和扩展能力，使得可能的后续投资最小化，同时结合运维等方面的要求，获得最佳总体拥有成本。

园区平台可以分成两大类，即园区综合服务平台和园区工业互联网平台。根据园区的服务和业务需求，逻辑上可以建设多个子平台，如园区综合服务平台可内嵌政务服务平台、车辆人员管理平台等，园区工业互联网平台可内嵌能源监控平台、环境监测平台等。园区平台通过Web门户为用户提供统一的信息资源访问入口，同时园区平台应与外部的政府电子政务平台、城市区域协同平台、公共工业互联网平台、国家级工业互联网平台（如央企融通平台）互联，接入大平台生态，以便获得大型企业的技术、人才和资金资源，拓宽产品的销售渠道，获得订单，扩大市场。

园区工业互联网平台在传统云平台的基础上叠加物联网、大数据、人工智能、仿真工厂、工业视觉等新兴技术，构建更精准、实时、高效的数据采集体系，建设包括存储、集成、访问、分析、管理功能的使能平台，实现工业技术、经验和知识的模型化、软件化与复用化，最终形成资源富集、多方参与、合作共赢、协同演进的制造业生态。

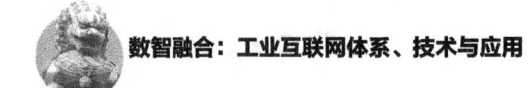

园区综合服务平台为园区企业、园区企业职工提供基础服务与产业生态合作服务，如信息反馈、资源共享、园区社交等，同时为园区业主方，以及运营部门、执行部门在内的管理者提供多方位、多角度的管理功能，如政策发布、智能停车、智能结算等。园区综合服务平台以门户技术和数据仓库技术为基础，以应用集成和信息管理为目标，通过链接园区范围内的企业门户，实现园区各部分系统及企业间的信息共享和业务协同，提高整个园区的资源整合水平，实现"集团管控"的目标。

6.6.3 案例

"5G+智慧工业示范园区"是由中建钢构有限公司和中国电信联手打造的国内首个建筑钢结构领域的智能化工厂，其目的是打造园区未来智慧生活新模式，实现数据全融合、状态全可视，使园区更安全、更高效。园区通过数字化运营平台，对园区的人、车、企业、设备资产进行全链接，建设了综合运营（管理驾驶舱+智能楼宇）、园区交通服务（智慧停车+5G公交车库+慢行交通）、园区生产服务（工业互联网平台+智能制造）、园区安全管控（5G+安全管理系统）四个板块。其中，园区综合运营平台通过三维建模技术，完整呈现园区内的楼宇，以及周边环境的建筑、道路、桥梁分布，与各平台进行信息整合，从园区外部到房间的内部结构实现多层级管理。园区智慧交通已建成全球首个基于5G的新能源公交立体车库，基于城市公共交通的特点和行业趋势，通过物联网技术将公交车接入平台，实现集引导、停车、调度、充电、运维于一体的智能交通系统，为园区提供便捷高效的出行服务。园区的生产服务利用5G+工业互联网平台的架构对企业生产线的关键数据进行采集与传输，实现厂区生产要素的全链接，利用预测性维护技术实现对钢结构全生命周期的分析与应用。园区的安全管控基于边缘AI设备，通过高清摄像头视频，集成AI处理算法，关联设备、人员、产品等信息，实现对园区危险源的预警预告与动态跟踪，构筑园区安全综合管控系统。

参考文献

[1] 杨鑫, 时晓厚, 沈云, 等. 5G工业互联网的边缘计算技术架构与应用[J]. 电子技术应用, 2019, 45(12): 25-28, 33.

[2] 尹杨鹏, 李亚宁, 崔粲, 等. 重点行业工业互联网应用路径研究[J]. 信息通信技术与政策, 2020(06): 42-46.

[3] 费海平,林荣来. 基于标识解析的中小型企业供应链新模式应用[J]. 信息通信技术与政策,2020(06): 55-61.

[4] 焦斌,张建,梁启弟. 基于区块链的产品溯源方法[J]. 现代信息科技,2020, 4(12): 154-156, 160.

[5] 张庆云,王少应,林桂勇. 工业互联网应用评估体系框架构建及研究[J]. 信息通信技术,2020, 14(03): 31-37.

[6] 唐隆基,潘永刚,张婷. 工业互联网赋能供应链数字化转型研究[J]. 供应链管理,2020, 1(07): 53-77.

[7] 李宣,柳毅. 基于双区块链及物联网技术的防伪溯源系统[J]. 计算机应用研究,2020, 37(11): 3401-3405, 3421.

[8] 李杰其,胡良兵. 基于机器学习的设备预测性维护方法综述[J]. 计算机工程与应用,2020, 56(21): 11-19.

[9] 张长青. 基于5G环境下的工业互联网应用探讨[J]. 电信网技术,2017(01): 29-34.

[10] 谭华,林玮平,林克,等. 基于云网融合的工业互联网应用分析[J]. 广东通信技术,2018, 38(12): 36-39, 69.

[11] 刘彬,张云勇. 基于数字孪生模型的工业互联网应用[J]. 电信科学,2019, 35(05): 120-128.

[12] 祝旭. 故障诊断及预测性维护在智能制造中的应用[J]. 自动化仪表,2019, 40(07): 66-69.

[13] 王春喜,王成城,王凯. 智能制造装备预测性维护技术研究和标准进展[J]. 中国标准化,2021(02): 15-21.

[14] 王艳广,宿春慧,高方方,等. 基于工业互联网平台的航天产品智能制造应用[J]. 制造业自动化,2020, 42(12): 1-5, 11.

[15] 邹波,侯小明,黄振林,等. 基于工业互联网标识体系的协同制造研究[J]. 信息通信技术与政策,2021, 47(01): 14-19.

[16] 王春喜,王成城,王凯. 智能制造装备预测性维护技术研究和标准进展[J]. 中国标准化,2021(02): 15-21.

[17] 蒋明炜. 工业互联网与智能工厂[J]. 中国工业评论,2016(01): 30-36.

第 7 章
工业互联网发展与推广路径思考

7.1 行业数字化转型的需求驱动工业互联网发展

7.1.1 行业数字化转型升级需求不断扩大

随着新一代科技革命和产业变革潮涌,越来越多的国家把发展数字经济作为推动经济增长的重要途径,大力推动新一代信息技术和制造业深度融合,大力发展先进制造和智能制造。近年来,数字经济的蓬勃发展,推动了生产力的发展和生产关系的变革。同时,对产业数字化转型升级提出了新要求。尤其在抗击新型冠状病毒感染的肺炎疫情中,进一步凸显了产业数字化转型升级的必要性和紧迫性。疫情给我国经济的发展带来前所未有的冲击,同时也给我国加快科技发展、改造传统产业、壮大新兴产业提供了新机遇。应充分发挥各方面的积极作用,加快推进产业数字化转型升级,推动我国经济实现质量变革、效率变革、动力变革。

数字化转型指利用新一代信息技术,构建数据的采集、传输、存储、处理和反馈闭环,打破不同层级与不同行业间的数据壁垒,提高行业整体的运行效率,构建全新的数字经济体系。综合来看,数字化转型即以大数据、云计算、人工智能、区块链等新一代信息技术为驱动力,以数据为关键要素,通过实现企业的生产智能化、营销精准化、运营数据化、管理智慧化,催生一批新业态、新模式、新动能,实现以创新驱动的产业高质量化和跨领域的同步化发展。

数字化是实现制造企业内部互联的最佳途径,也是实现工业互联网的第一步。通过数字化转型,企业能够畅通产品生命周期的数据流,涵盖产品设

计、生产规划、生产工程、生产实施和服务等,实现设备资产的高效管理、业务运营质量和效率的大幅提升,从而缩短产品的开发时间,加快新产品的上市速度,通过更加灵活的生产手段实现更快速的市场响应,以更好的质量管理体系赢得客户的信任,以更高的成本效率赢得竞争。

数字化技术不仅给制造企业带来了日益加剧的跨界竞争和业态复杂化,而且对企业的自身能力提出了新的挑战。一方面,为了满足客户日益多变的个性化需求和适应市场变化,制造企业必须在决策模式、服务模式上做出对应的变革;另一方面,产品的制造过程日益复杂,产品本身在结构上机、电、软一体化的趋势日益明显,为了实现快速高质量的产品交付,在产品的设计开发、流程建设、生产模式创新、人员协同组织等方面,企业都面临全新的挑战。

7.1.2 数字化转型推进工业互联网应用不断拓展

我国的制造业规模庞大,体系完备,但也面临着大而不强、自主创新能力弱、生产管理效率较低等问题。同时,我国的制造业低成本优势逐步减弱,为了重塑竞争优势,必须着力提高产品的品质和生产管理效率。制造业数字化转型是提升制造业竞争力的重要途径,是新技术革命和产业转型的必然选择,也是制造强国和网络强国建设的重要途径。当前,需更好地顺应数字经济的发展趋势,解决好制造业数字化转型进程中的难点与问题,切实推动制造业的高质量发展。

近年来,为促进包括传统制造业在内的制造业转型升级,我国不断完善制度环境,出台了一系列战略规划和政策措施,推动我国制造业数字化水平不断提升,处在产业发展前沿的工业互联网应用也在不断拓展。

国务院印发《关于深化制造业与互联网融合发展的指导意见》等,对制造业数字化转型进行了全面部署;工业和信息化部、财政部等部门相继印发《智能制造发展规划(2016—2020年)》和《工业互联网发展行动计划(2018—2020年)》等,明确了制造业数字化转型的具体目标和重点任务。这些文件就技术研发、成果应用、重点领域突破,以及金融、财税、人才、基础设施、质量基础、信息安全、服务平台等方面给出了支持政策与措施,发挥了卓有成效的推动和促进作用。

当前,需要更好地顺应数字经济的发展趋势,解决好制造业数字化转型进程中的难点与问题,切实推动制造业的高质量发展。工业互联网是制造业数字化转型的前沿技术应用，发展工业互联网已经成为各主要工业强国抢占制造业竞争制高点的共同选择。

工业互联网将原已在企业内部运行的内网和企业间相互通信的外网均涵盖在内，是制造企业数字化转型的关键支撑和制造业智能化必需的网络环境与基础设施。企业依托数字世界里强大的可连接、可汇聚、可推演能力，对企业在决策、研制、生产、服务及工作等领域进行创新，最终以更低的成本、更高的效率为客户提供更好的服务体验。这意味着构建全面数字化的世界，需依托工业互联网平台广泛连接的能力、强大的数据分析与处理能力、人工智能、全面的平台化服务能力、快速开发及构建良好用户体验的应用能力。工业互联网平台通过与资源、资产、设备、流程、工具、系统、产品、工厂、供应商、客户等要素建立实时连接，可以实时地了解业务的执行情况，并通过机器学习等人工智能技术的应用，对业务数据进行理解和学习，进而对业务异常进行预警，对业务结果进行预测，甚至执行规则学习和场景化自主决策，帮助制造业拉长产业链，形成跨设备、跨系统、跨厂区、跨地区的互联互通，从而提高效率，推动整个制造服务体系智能化。

7.2 发展路径：从政府引领到企业内生动力

7.2.1 路径之一：政府引领工业互联网创新发展

党中央、国务院高度重视工业互联网的发展。习近平总书记连续四年对推动工业互联网发展做出重要指示，强调要持续提升工业互联网创新能力，推动工业化与信息化在更广范围、更深程度、更高水平上实现融合发展。国务院各部委均出台相关政策文件，明确工业互联网的顶层设计和行动指南，指导国内工业互联网的发展方向，引领工业互联网的发展走深、走实。自 2017 年《国务院关于深化"互联网＋先进制造业"发展工业互联网的指导意见》印发以来，在各方的共同努力下，我国工业互联网已驶入发展快车道，取得显著成绩。为深入实施工业互联网创新发展战略，推动工业化和信息化在更广范围、更深程度、更高水平上融合发展，2021 年 1 月 13 日，工业和信息化部印发了《工业互联网创新发展行动计划（2021—2023 年）》，提出五大目标和多项重点工作任务，是"十四五"期间工业互联网发展的纲领性文件，也是未来发展的路径指南。

我国将布局工业互联网作为一项重要任务，积极推进工业互联网的发展

与实施建设，陆续出台一系列促进网络建设、云计算和大数据发展的重大政策措施，加快实施制造强国和网络强国战略。2016年2月，在工业和信息化部的指导下，我国组建了工业互联网产业联盟，推进工业互联网的总体架构、需求分析、技术标准、产业发展和政策研究等方面的工作，旨在把政府与产业界、顶层设计与企业实践紧密结合起来，在全球工业互联网发展中占据一席之地，寻求发展先机。

为推动工业互联网健康、快速、有序发展，促进制造业高质量发展，我国各省市重点开展了以下五个方面的工作，如图7.1所示。

- 基础设施建设先行
- 加强政策保障措施
- 推动平台培育搭建
- 推广应用试点示范
- 强化人才提升培养

图7.1　各省市推动工业互联网发展的路径

一是基础设施建设先行。升级与优化信息基础设施，加快5G基站规模化建设，建成低时延、高可靠性、广覆盖的网络基础设施。鼓励工业企业开展内外网改造，提高生产设备联网率。支持工业互联网标识解析的开发应用，加快标识解析的二级节点建设。

二是加强政策保障措施。不少省份陆续出台政策推动工业互联网发展，从推动工业企业"上云、上平台"、培育工业互联网平台、开展工业互联网标杆示范应用、构建工业互联网服务体系等方面给予支持，完善各省市的工业互联网产业生态。

三是推动平台培育搭建。坚持引进和培育并重，支持本土龙头企业建立企业级平台，带动中小企业"上云、上平台"。同时，积极引进国内外知名跨行业平台，为产业集群数字化转型提供基础性支撑。建设"工业互联网产业生态供给资源池"，加快省级工业互联网创新中心、推广中心、体验中心、实验室等创新服务载体建设，支撑工业互联网发展。

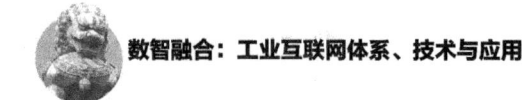

四是推广应用试点示范。依托各省市的优势产业，按行业选取培育对象，在更大范围和层面上树立标杆示范项目，形成具有地方制造业特色的应用示范。聚焦工业互联网数字化转型试点，精准组织工业互联网走进产业集群，有针对性地开展标杆案例现场参观、供需精准对接等活动，加快产业集群整体数字化升级。

五是强化人才提升培养。通过产学研用等合作，优化人才培养方式，着力培养工业互联网复合型技术人才。鼓励企业和行业协会等机构与高等院校、职业院校加强合作，组织在职人员进行工业互联网技术学习和应用技能培训，提升员工的技术能力。

7.2.2　路径之二：不断壮大企业内生动力

企业是发展工业互联网的主体，目前一些地方靠树立一些示范标杆的方法推动工业互联网，从诸多企业中选择一两个企业为其提供资金，这导致很多企业依赖是否有政府补贴来决定是否进行工业互联网建设。大企业有意愿、有能力、有资金去依托工业互联网进行提质增效的转型。但是，我国几千万的中小企业，需求各异，个别项目扶持只是杯水车薪，更重要的是让它们产生内生动力。同时，很多中小企业对于工业互联网仍持观望态度，它们面对的首要阻碍是关键基础能力不足，多数企业的数字化水平较低，网络化、智能化演进基础薄弱。中小企业观望犹豫的另一个原因是，工业互联网到底能帮它们解决什么问题。我国现在大量企业的技术水平较低，不少双创企业只有"头脑+电脑"，在这种情况下，企业即使有意愿转型，就算有资金投入可购买工业互联网软件和设备，也不具备用好软件的人才和能力。

为了更好地激发企业内生的动力，不少省份的政府研究推出了更加务实高效的扶持政策，包括加快推进 5G 网络、工业互联网标识解析二级节点等基础设施建设应用，加大专业人才引进培养力度，努力为工业互联网的发展打造良好的生态和创造最优的环境等。同时，从工业企业、咨询服务商、园区等不同工业互联网主体出发，以补贴的形式激发整个生态产业链上的企业去创新，促进工业互联网的创新发展。

7.2.3　路径之三：全局智能化提质工业互联网发展

1. 工业数字化转型从单点突破迈向全局变革

在 2021 年年初的国务院《政府工作报告》中提到，下一步工作要"发

展工业互联网,促进产业链和创新链融合,搭建更多共性技术研发平台,提升中小微企业的创新能力和专业化水平"。相较于2020年报告中"发展工业互联网,推进智能制造,培育新兴产业集群"提法,更强调"产业链和创新链的融合",对全局智能提出了更高的要求,不仅要聚焦在制造环节进行数字化、智能化提升,更要向价值链上下游延伸。

《中华人民共和国国民经济和社会发展第十四个五年规划和2035年远景目标纲要》中也强调"在重点行业和区域建设若干国际水准的工业互联网平台和数字化转型促进中心,深化研发设计、生产制造、经营管理、市场服务等环节的数字化应用,培育发展个性定制、柔性制造等新模式",明确指出了产业数字化转型不应只关注生产制造环节,全链路各环节的数字化、智能化也是赋能产业的重要手段。

传统的单点智能主要用于解决碎片化的需求,着眼于独立的制造流程或环节,通过人工智能算法来代替复杂的人工或者经验判断。单点智能通常以更快、更准和更可靠为目标,应用落地直接、清晰,只影响产线中的孤立环节,有明确的投入产出比计算。

而相对的全局智能应用希望通过集成和协同,对多个生产环节甚至整个商业生态形成全局影响,使企业的商业效应最大化。全局智能在实际应用中包含纵向、横向和端到端三个维度,如图7.2所示。纵向全局以垂直一体化与网络化的智能工厂为目标,着眼于产品的生产制造流程,特征是工厂的生产运营数字化、智能化;横向全局以价值网络的优化和重构为目标,着眼于产供销全价值链,贯穿商品的客户履约流程;端到端全局更强调产品全生命周期,让产品从设计到更新得到智能模型算法的应用,形成持续增强产品力的有效手段。全局智能可以包含不同的维度以应对更大范围的应用场景,在更高层面形成全局智能优化。然而,不管是哪种层次的全局智能,实现手段都是跳脱单个应用点,对多个环节进行综合考量而进行的智能化。

纵向全局	横向全局	端到端全局
垂直一体化与网络化的智能工厂	价值网络的优化和重构	产品全生命周期
产品的生产制造流程	产供销全价值链	产品从设计到更新
工厂的生产运营数字化、智能化	商品的客户履约流程	持续增强产品力

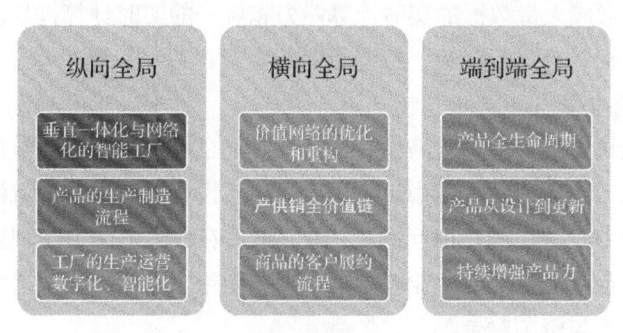

图7.2 全局智能的三个维度

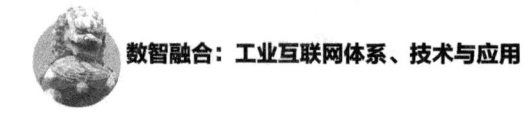

如图 7.3 所示，实现全局智能，需要做下面三个全局化的工作。

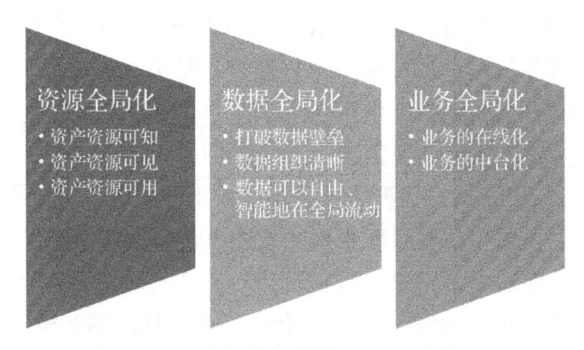

```
资源全局化
• 资产资源可知
• 资产资源可见
• 资产资源可用

数据全局化
• 打破数据壁垒
• 数据组织清晰
• 数据可以自由、智能地在全局流动

业务全局化
• 业务的在线化
• 业务的中台化
```

图 7.3　实现全局智能的三个全局化工作

1）资源全局化

资源全局化的核心是利用 IoT 设备让企业的资产资源可知、可见、可用。基于统一的设备模型，低成本、快速地从工业设备或者自控系统中采集、组织和分析数据，构建工业互联网。实现工业设备及流程等企业资产的"资产数据化、数据资产化"，挖掘和提升存量资产价值。通过数据分析让机器数据产生洞察力，改善企业资产管理决策和运营的可见性。通过工业物联可视与数据智能应用，实现数字孪生，优化业务及生产运营效率，并且通过数字基础设施、中台和智能应用的云化实现资源的全局调配。

2）数据全局化

数据全局化的目标是打破数据壁垒，让数据组织清晰，让数据可以自由、智能流动。

为了更好地实现数据全局化，需要制定统一规范的数据模型，解决数据口径和结构问题；建立统一的采集规范，实现多端数据互通；开发可靠的数据生产和发布工具，统一可视化的元数据管理平台；优化数据存储和计算的监控治理；形成大量数据的实时计算能力和统一的实时计算框架。最终可以对全域的数据融合进行沉淀，打通企业的生产、营销和管理等全数据链。

3）业务全局化

业务全局化的实质是业务的在线化和业务的中台化。通过数据抽象让企业的制造能力和其他业务能力（营销、品牌、设计、研发等）沉淀，并且让各项业务能力时时在线并相互协调，最终通过在线业务中台实现业务的互联互通。业务全局化要实现商业能力的共享和使用，需要打通从前台到中台再到后台的数据与资源融合。

2. 规避局部优化的误区

在工业互联网加速从单点智能走向全局智能的进程中，应用企业需要平衡发展单点智能和全局智能应用，同时避免进入局部优化的误区。

首先，需要避免对单点智能的路径依赖，从制造环节向纵深观察，从全链路的协同上、从价值链的配合上发现智能化转型的新潜能。

同时，全局智能的建设必须与企业的实际业务需求相适应，不做无谓过度的顶层搭建和超前设计，同时协调发展单点智能应用，这样才可能实现工业互联网智能应用的可持续发展。

7.3 技术创新引领工业互联网发展新格局

7.3.1 技术创新催生工业新动能

科技是国家的强盛之基，创新是民族的进步之魂。当前，我国围绕实施创新驱动发展战略、加快推进以科技创新为核心的全面创新，提出了一系列新举措和新要求。科学技术越来越成为推动经济发展的主要力量，创新驱动是大势所趋。

随着新一轮科技革命和产业变革，我国进入了新型工业化、信息化、城镇化、农业现代化同步发展、并联发展、叠加发展的关键时期。面对日新月异的科学技术，特别是新一代信息技术的广泛应用，我国的工业化进程在时间上被大大压缩了，我们和发达国家在把握新一轮工业革命核心技术上的机会几乎是均等的，这为我们充分发挥后发优势，力争后来居上，实现"弯道超车"、跨越发展提供了可能。

随着以大数据、云计算、人工智能、物联网、5G、区块链等新一代信息技术在企业研发设计、生产制造、经营管理、运维服务等环节应用的逐步深化，制造业不断从流程型驱动向数据驱动转变，两化融合也不断从单项应用向综合集成、协同创新发展，加速推进以软件定义、数据驱动、平台支撑、服务增值、智能主导为特征的工业互联网发展，对增强制造业竞争优势、推动制造业高质量发展，加快建设制造强国、网络强国具有重要意义。"十四五"时期将是工业互联网发挥 5G、互联网、大数据、人工智能等新一代信息技术的引领作用，实现并跑、领跑的关键阶段，促进制造业向数据驱动型创新体系和发展模式转变，持续拓展产业发展的新空间。

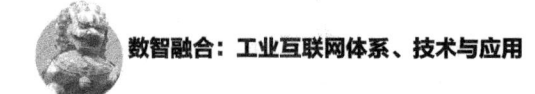

7.3.2 新兴技术应用拓展工业互联网新格局

在技术方面,大数据、云计算和人工智能等先进技术的应用将深刻影响工业领域的变革。数据作为工业互联网的核心要素,遍布在研发设计、物流、供应链、销售、服务各个环节。海量数据存储技术能够满足频繁的数据交互对传输实时性和可靠性的需求,而数据挖掘技术能够从海量数据中提取有价值的信息,并用于优化生产流程,完善服务体系等环节。人工智能技术的发展将赋予产品和生产设备一定程度的智能化,实现产品、设备、员工之间新的互动关系,极大地提升生产效率。在工业互联网领域,移动互联网技术为工业企业管理者和一线员工提供了更迅速、更便捷的接入方式,提高了工业互联网的易用性,进一步推动了工业互联网的发展。同时,以大数据、云计算为代表的新商业模式和技术的应用,更进一步促进了工业互联网的广泛应用。图7.4所示为新兴技术在工业互联网领域中的应用。

数据分析和人工智能	• 拓展工业互联网平台的主流能力
新型网络技术	• 提供高速可靠连接
智能传感器	• 构建工业互联网底层架构

图 7.4 新兴技术在工业互联网领域中的应用

1. 智能传感器构建工业互联网底层架构

智能传感器主要指具有信息处理功能的传感器,因其带有微处理器而使其具有采集、处理和交换信息的能力,是传感器与微处理器相结合的产物。工业互联网感知层建立在分布式传感器网络的基础上,在云端汇总、处理、分析来自传感器网络的各种数据,可以实时感知生产动态,优化设备的运行和维护,助力企业提质、降本、增效。

2. 新型网络技术的高速可靠连接

新型网络技术升级优化,扁平化、柔性化、有线无线互补并进的趋势更

加明朗，工业现场总线向工业以太网方向演进，时间敏感网络（TSN）、确定性网络、边缘计算等技术加速发展，5G 将成为变革传统工业网络体系的重要手段。工业互联网企业的外网建设向高速率、大容量、融合化演进，软件定义网络广泛应用，依托基础电信企业提供高性能、高可靠性、高灵活性和高安全性的网络服务正在加速推进。

3. 数据分析和人工智能拓展工业互联网平台的主流能力

随着大数据和人工智能等先进技术在工业互联网平台上的应用越来越广泛，工业互联网平台的能力得到了极大的拓展。工业互联网的核心要素包括人、设备、数据等，其中数据是关键要素，包括数据的感知、采集和集成。经过数据挖掘，海量数据中蕴含的信息和机理模型大大超过以往。大数据的应用对于生产过程的优化、机器设备的维护、供应链的协同及定制化生产的整个流程，都能够提供更优化、更实时的决策精度。很多场景下，操作工人将被快速发展的人工智能、模式识别、机器学习等技术所替代。大数据和人工智能技术的应用还可以实现对未来的预测，如设备预测性维护和市场需求变化等，突破传统工业的认知局限，在许多实际应用中都能够有效提升效率，获得更大效益。